# 直江兼続物語　米沢二十年の軌跡

遠藤　英

新潟日報事業社

# はじめに

直江兼続は慶長三年（一五九八）に三十八歳で米沢城（山形県米沢市）に入り、元和五年（一六一九）に五十九歳で没した。その間の業績を見ると、特に慶長六年（一六〇一）に徳川家康に降って以降は、困難を背負い、多忙を極めたものと思われる。本書の目的は、客観的に見ればさぞかし大変だったであろうこの米沢での約二十年間を、果たして直江兼続自身は主観的にはどのような思いで送ったのか、ということを考えてみようというものである。

但し、四百年も前の人間の内面へのアプローチは、史料や資料による裏付けを得ることが難しく、そのほとんどが可能性を求めての想像の域を出ない。したがって、本書を読んでも直江兼続に関する確かな情報が得られるわけではないことを、あらかじめお許し願いたい。

このような試みはむしろ小説を書くことに近いのであろうが、でき得る限りは歴史学等における先達の研究成果から話を起こし、全くの創作に陥らないように努めた。したがって、すでに公表されている直江兼続に関する研究成果が収められた著作等と合わせてお読みいただければ、本書の内容をより理解していただけるものとも思う。いずれにせよ、本書の試みが直江兼続という人間像に迫るための一助となれば、幸いである。

尚、文中に登場する年齢は、現代の数え方（満年齢）としている。また、文中に登場する人物の名前は、その人物の年齢に関わらず、最も広く知られた名前を用いていることをご了承願いたい。

本書は、遠藤英著『直江兼続の素顔』（二〇〇七年発行／私家版）に一部修正を加え、図版・写真を追加したものです。

■表紙写真
表紙一／直江兼続肖像（福島県立博物館蔵「集古十種」より）
梵字（種子）「普賢菩薩」
表紙二・三／直江状写（部分・米沢市上杉博物館蔵）

# 目次

直江兼続肖像（福島県立博物館蔵「集古十集」より）

# 直江兼続物語

## 米沢二十年の軌跡

直江軍軍旗（最上義光歴史館蔵）

# 武人

現代において私たちが何らかの目的を持って仕事をするように、戦国の世においても武将たちは何らかの目的のために戦っていた。したがって戦いは、それ自体が目的ではなく、目的をかなえるための手段であり、過程であった。但し、戦いは常に相手があることであり、互いに相手の思惑をはずすために精いっぱいに努力しているのであるから、固定的なシナリオはほとんど役に立たない。むしろその場面ごと、段階ごとに何通りもの展開の可能性を予測しながら、状況を正確に読み取り、適切な判断とタイミングで行動しなければならない。

しかし第三者の私たちは、一戦一戦の勝ち負けを固定的なものとしてとらえ、そこだけを切り取って解説を加え、もっともらしい批評をしがちである。そして直江兼続についても、慶長五年（一六〇〇）の長谷堂城（山形県山形市）からの撤退をもって、まるでその後の人生を暗転させるほどの敗北であったかのような評価さえ登場している。

本稿では、長谷堂城の戦《たたかい》の背景と目的に注目しながら、直江兼続のその後の米沢での人生に迫りたいと思う。

## 長谷堂城攻めの背景

長谷堂城の戦は、慶長五年（一六〇〇）に直江兼続率いる上杉軍が山形の最上義光《もがみよしあき》を攻めた際の一戦である。だが、その背景を理解するためには、二十年以上も時間をさかのぼったところから見ていかなければならない。

天正六年（一五七八）に上杉謙信が死去した後の上杉家は、後継者争いによる家臣団同士の戦い（御館《おたて》の乱）によって急速に弱体化、その後も織田信長の攻勢を受けながら、支配域の縮小や家臣の反乱など、危機的状況が続いた。本能寺の変で信長が殺されたことでかろうじて危機を脱した上杉景勝（謙信の養子）は、あらためて支配体制を構築し直すために豊臣秀吉政権に接近する。その接点となったのは、直江兼続と石田三成であった。兼続と同い年で律儀な智将である三成は、兼続と意気投合し、二人は親密な関係となった。この二人を間に挟んで、秀吉と景勝が手を組んだ。

石田三成をかわいがっていた秀吉は、タイプのよく似た直江兼続をとても気に入って、自分の家臣になることを望んだりした。また景勝も信頼を得て、五大老の一人に加えられた。こうして豊臣政権の中枢にしっかりと入り込んだ上杉景勝と直江兼続は、家臣団に対しても他の大名に対しても強い立場を手にすることができた。そしてこのことは同時に、五大老筆頭徳川家康への接近でもあった。家康の重臣本多正信《まさのぶ》の子政重《まさしげ》が直江兼続の娘婿として直江を名乗るといった友好的な一面もあるが、上杉景勝の五大老参加は、家康の天下取りにとって大きな障害になることも確かだった。

秀吉の死後、石田三成は全国の大名に対して、幼い秀頼に臣下の礼をとることを求めた。豊臣家への変わらぬ忠誠心を確認するためだった。大名たちはこれに応じて大坂城に出向いたが、恐れていた通り、家康だけは来なかった。唯一、家康を制することができるとされた五大老第二の前田利家はすでになく、家康は若い前田利長を抱き込むことに成功していた。そこで石田三成は五大老第三の毛利輝元《てるもと》、第四の宇喜多秀家、第五の上杉景勝と力を合わせて家康を倒そうと考えた。しかし家康が大坂城西の丸を占拠し、自身も大坂城に近い京都伏見城でにらみをきかせているため、石田三成は思い切って人を集めたり軍を整えることができない。三成は事態の打開を目指し、直江兼続と連絡を取った。このような情勢の中で、家康の方が有利だと判断した大名たちが豊臣から離れて徳川に付くことを宣言。その一人が最上義光（山形城＝山形県山形市）であり、その一人が伊達政宗であった。

神指城跡（福島県会津若松市）

米沢とは隣り合わせの最上義光が敵対する側に回ったわけだが、兼続の目はあくまで家康の動向に向けられていた。当時兼続は、会津に在って神指城《こうざし》（福島県会津若松市）の築城および周囲の街道の整備などを指揮していた。これらの事業は秀吉の存命中、東北の押さえの要である会津・米沢を上杉家に任せた秀吉が指示したものであるとされる。しかし、上杉に対して敏感になっていた家康は、これを対徳川戦の準備とみなし、今すぐ伏見に来て事情を説明するように要求してくる。当時の状況から見て、上杉側のこれらの土木工事などには家康との戦いが想定されていた可能性は十分にある。しかし、本来これは秀吉の指示であり、家康がこれにケチをつけるのは筋違いであるとして、景勝も兼続も家康の上洛要請を無視し、文書で自分たちの正当性を訴えた。

徳川家康を倒すための最良の策は、家康を除く五大老の四人が結集し、豊臣秀頼のもとで石田三成が大坂を動かしてこれと力を合わせ、一致協力して家康を囲むことである。そういう大きな流れが目に見えれば、一般の大名たちも反徳川になびくだろう。しかし前田利長はすでに家康と妥協しており、秀頼もまだ六歳と幼く陣頭には立てない。盟主と頼む毛利輝元の動きも積極的とはいえず、ここは上杉と石田三成とが主体的に動かなければならない。しかし家康が伏見でにらみをきかせているうちは、石田三成も大々的に戦いの準備が出来ない。これでは動きがとれるのは上杉家ぐらいである。

直江兼続が上洛要請を拒否し自分たちの正当性を訴えた手紙の写しが、現在に伝えられている。「直江状」と呼ばれ、丁寧な言葉遣いで皮肉たっぷりに次々と家康の落ち度をつつき、徹底的に家康を批判している長い手紙である。複数伝わっている写しを見比べると内容に微妙な違いがあり、文法などにもその時代に適さない点があるなどとして偽書説もあるが、この時期に家康が直江兼続の手紙の内容に激怒したことは、家康側の記録によって確認されている。よって「直江状」または同様の内容を持つ手紙が兼続から家康に送られたことは事実であろう。兼続の手紙に激怒した家康は上杉討伐を決定し、京都に諸大名を集めて景勝に謀反の企てありと

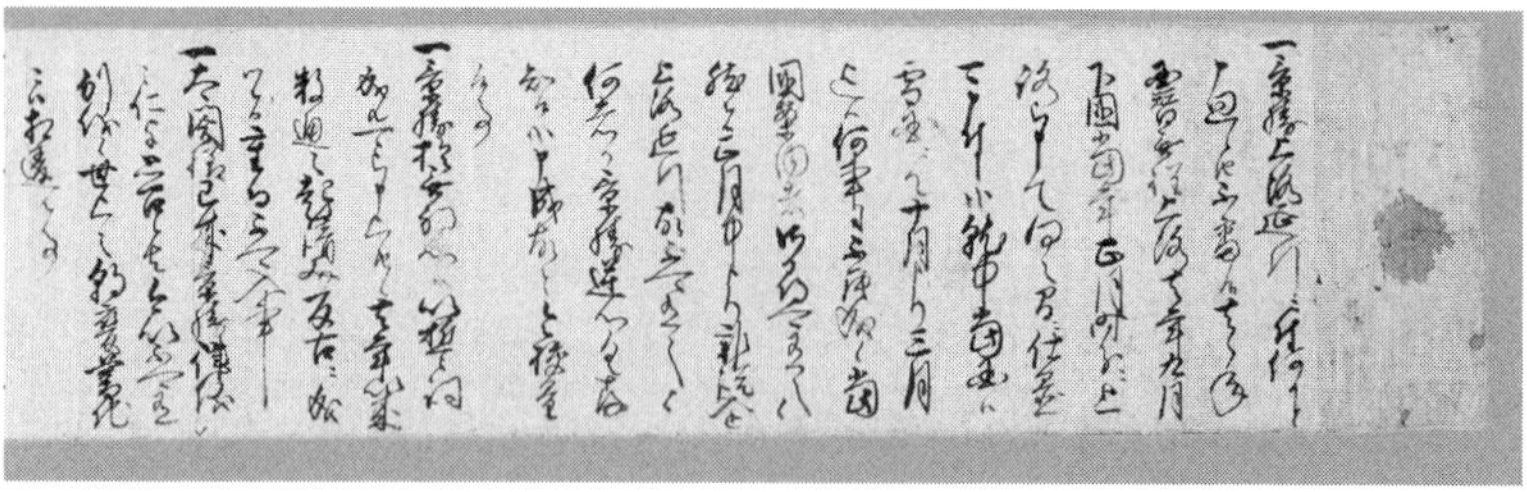

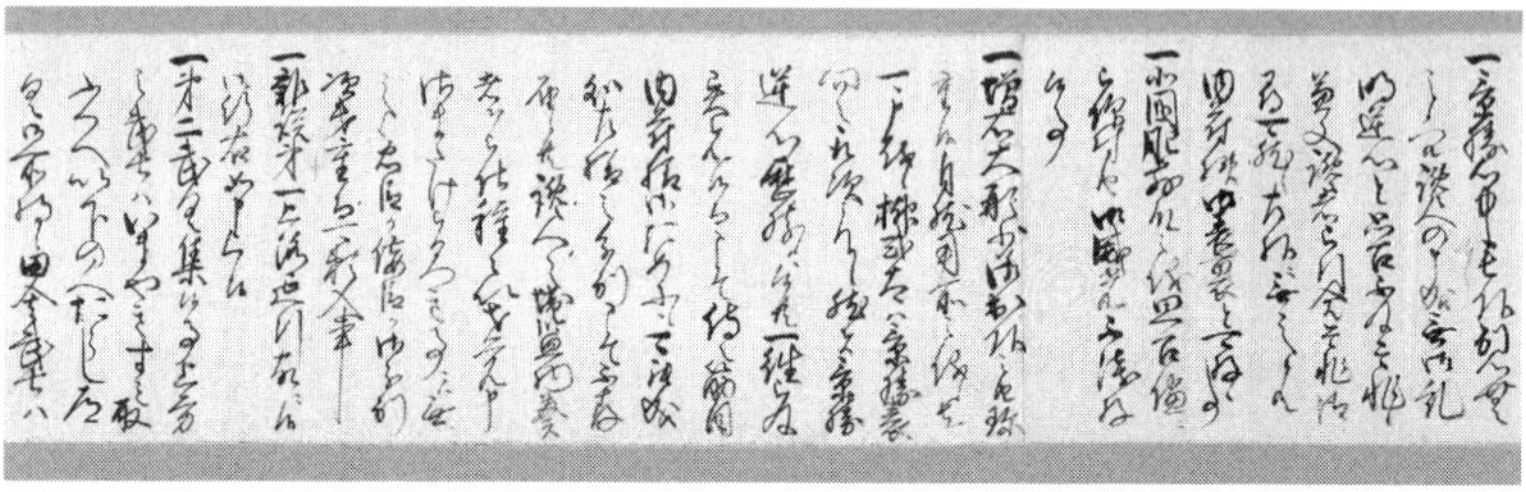

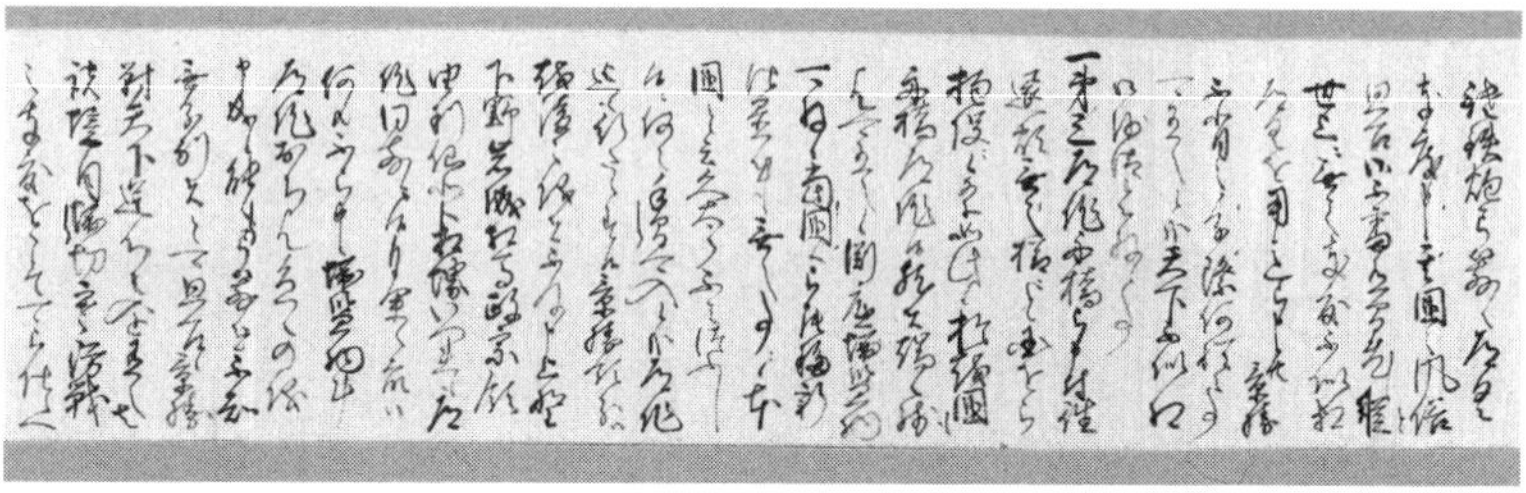

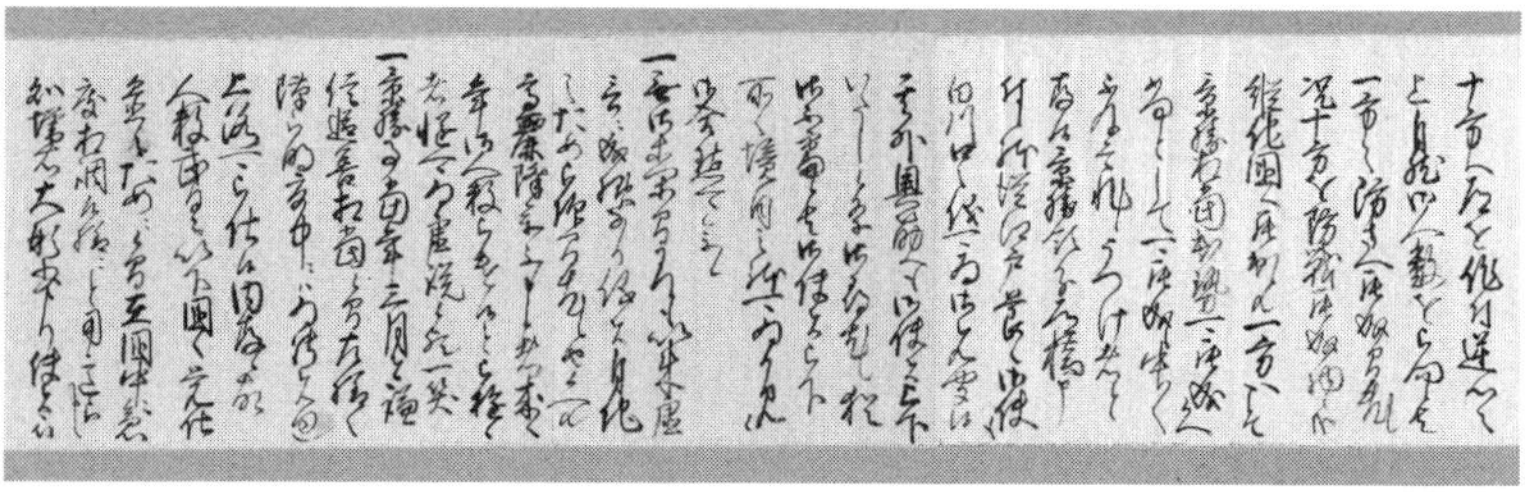

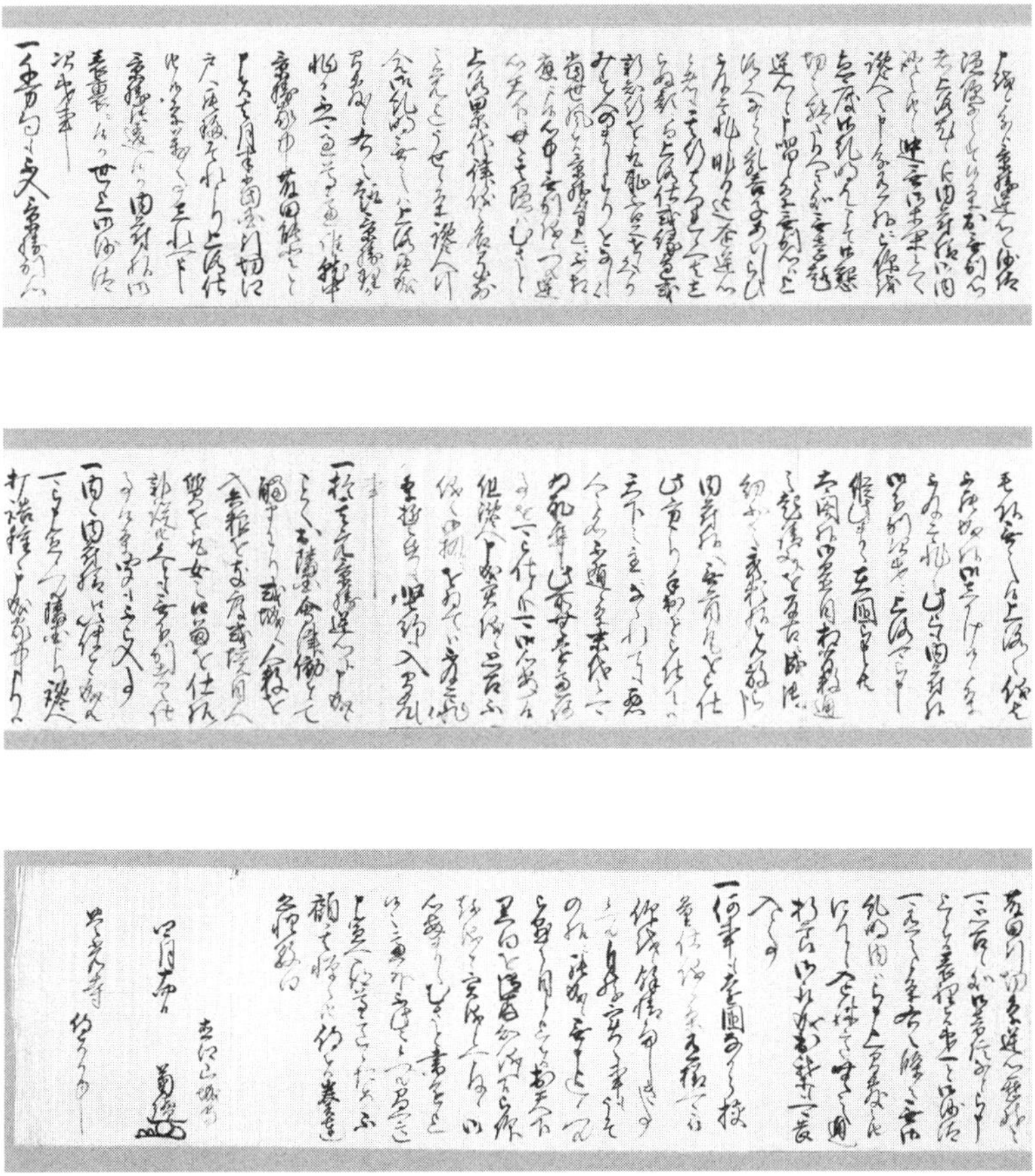

直江状写（米沢市上杉博物館蔵）

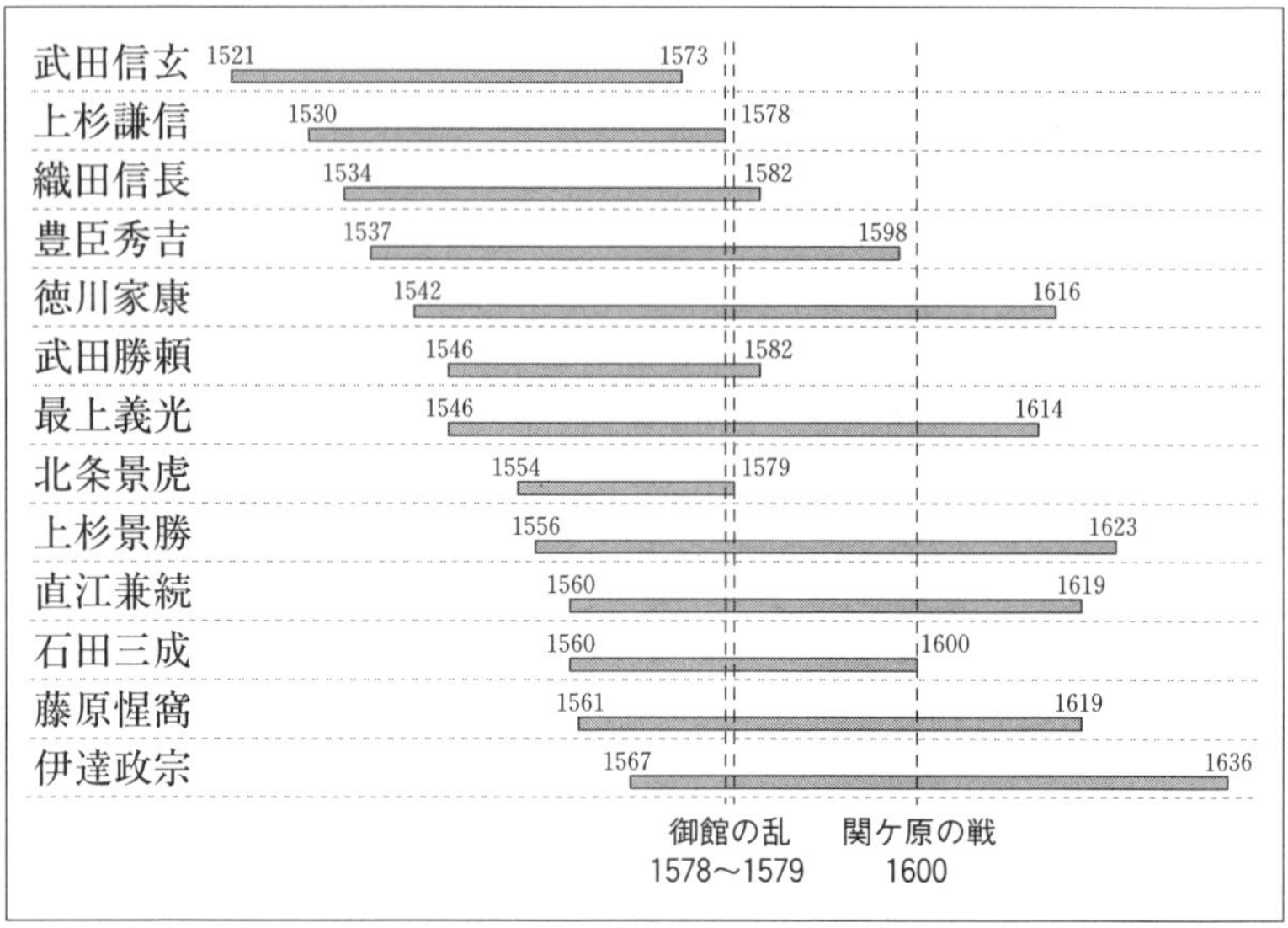


直江兼続を取り巻く主な人物の関係年表

伝え、大軍を率いて東進し始めた。

実はこの直前、石田三成の使者が会津を訪ねている。上杉景勝・直江兼続と石田三成は、連絡を取り合っていたようだ。家康が京都を離れると、三成はすぐさま大坂に諸大名を集め、出陣の準備を始めた。このまま家康が上杉攻撃を始めても、上杉軍はそう簡単に敗れる心配はない。家康が上杉に釘付けになっている間に軍備を整えた三成が、秀頼・毛利を推し立てて東に進み、上杉軍に加勢して一気に家康を潰すという作戦があったと考えられる。一方、家康自ら大軍を率いてやって来ることに勢いづいた最上義光は上杉攻撃の気配を見せるが、兼続はそれを横目に見ながら、自ら福島（福島県須賀川辺り）に出向いて家康軍迎撃のための態勢を整えた。

家康軍は七月二日に江戸城に入った。そこで対上杉戦の作戦会議を開き、二十一日に出発。一方、石田三成は、十八日から家康の家臣が守る伏見城攻めを開始。八月一日に伏見城を落とし、京都に入って更なる軍の拡大・強化を図った。五大老筆頭の家康に対抗するために、五大老第三の毛利輝元の出陣を期待した三成であったが、輝元は大坂城までは出てきたものの積極的に動こうとしない。五奉行の立場である石田三成だけでは役不足であるため、三成は京都の高台寺に隠居していた秀吉の正室北政所《きたのまんどころ》を招き、秀吉の廟所《びょうしょ》である豊国神社（京都市東山区）境内で出陣式をやるつもりだった。しかし北政所はこれに応じず、石田三成は大名たちの結束を十分に得ることができなかった。

家康軍は七月二十三日に下野国《しもつけ》（栃木県）小山《おやま》に到着した。ところがここで、石田三成軍の攻撃を受けていた伏見城から知らせが届き、家康は三成の挙兵を知る。石田三成が家康を挟み撃ちにしようとしていることは明確となった。この危機にどう対処すべきか、かなり激しい議論が行われた。「小山評定《ひょうじょう》」という。そして、城を拠点に迎撃体制を整えた強力な上杉軍と地の利もわからない東北の地で戦うよりも、自分たちの庭ともいえる東海道沿いで石田三成軍と野外戦を戦う方が勝算は高いという結論に至ったのであろう。家康は小山を後にし、西へと戻って行った。

このとき最上義光は、伊達政宗と共に上杉領の出羽国（山形県）庄内を攻めていた。そこで直江兼続は、西に向かった家康を石田三成に任せ、最上義光に向けて軍を動かすのである。こうして兼続の最上攻めがスタートする。

## 最上攻め

次に、長谷堂城の戦の経過を見ておこう。

九月十一日、直江兼続を軍将とする上杉軍が米沢を出発。十三日には長谷堂城西側の畑谷城（山形県東村山郡山辺町）を攻め落とす。翌十四日に軍を二手に分け、一隊は上山《かみのやま》城（山形県上山市）攻撃に向かい、直江軍は長谷堂城を攻撃。この二城が山形に入る二つの街道を押さえる要所であったことから、最上方もこの二城を死守し、上山城では十七日に上杉軍が敗退、直江兼続率いる主力軍が攻める長谷堂城には山形城から百騎余りの最上旗本軍と二百人に及ぶ鉄砲隊が応援に送り込まれた。畑谷城を含めすでに九つの最上方の支城が上杉軍に落とされており、長谷堂城が落ちれば上杉軍は最上領内に押し寄せて、次は山形城が攻撃にさらされること

長谷堂城跡　西側から望む。上方の街並みは山形市街地（写真／山形市）

になる。最上軍が長谷堂城支援に全力を挙げたのは当然のことだろう。城の周辺での戦いでは直江軍が勝利を収めたものの、長谷堂城は十日間以上にわたって落ちなかった。この間、上杉景勝は、伊達政宗の侵攻に備えて手薄になった米沢の守りを固めさせる一方、三年前まで支配していた越後国に声を掛け、上杉勢力の強化を図っている。

しかし、直江軍が長谷堂城の攻防を始めたばかりの九月十五日、美濃《みの》国（岐阜県）関ケ原において、徳川家康はわずか一日で石田三成軍を破ってしまう。戦いの途中、家康も一度は死を覚悟するような場面もあったようだが、石田三成軍の中に、わが身の安全と利益のために戦況を見守って動かない大名も多く、また裏切って

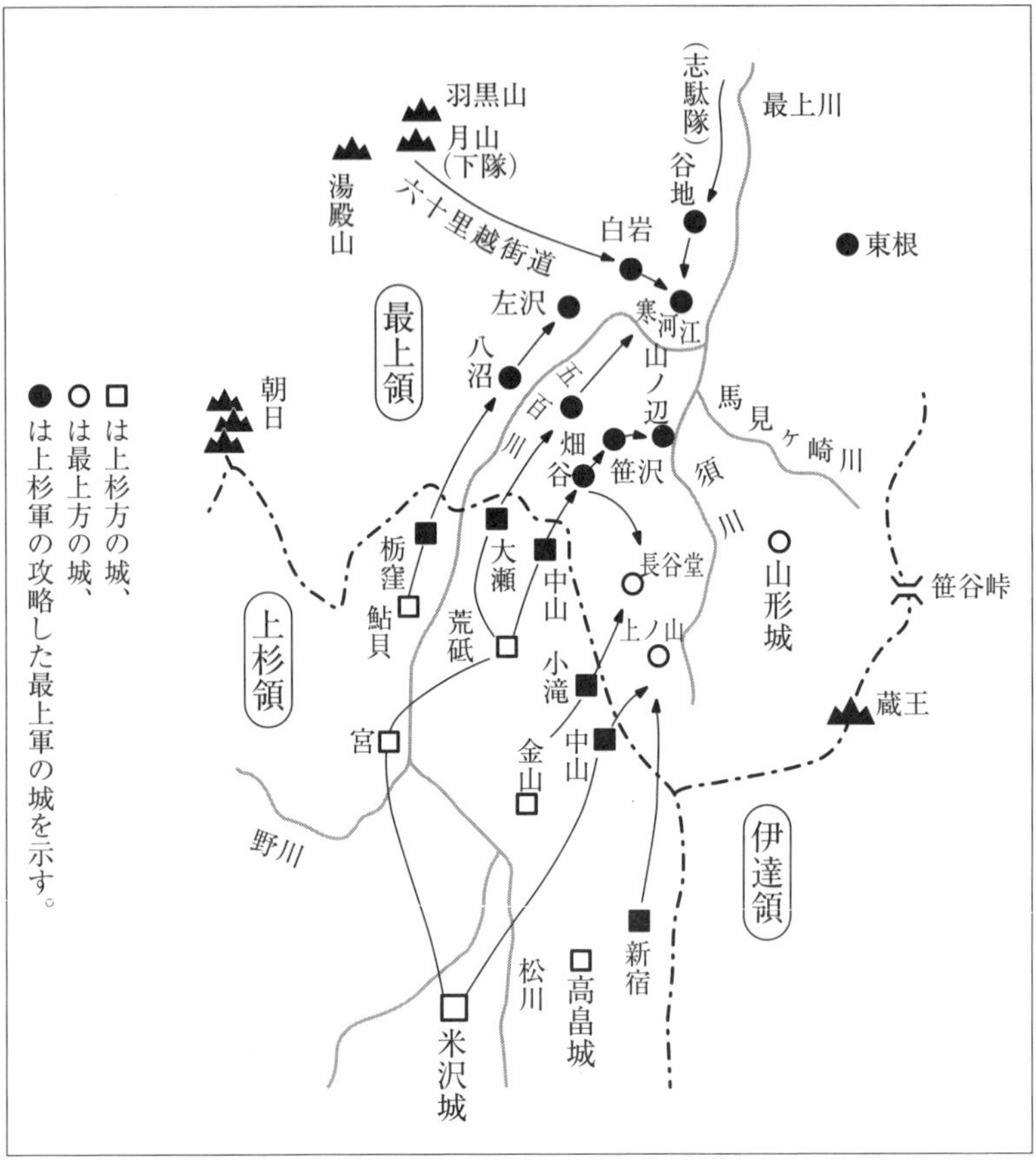


上杉・最上の各城の位置及び対最上戦における上杉軍の動き
(『米沢市史 第二巻 近世編１』から作成)

山形城跡に建つ最上義光銅像

家康のために動いた大名もいて、結果としては家康の大勝に終わった。

　米沢を離れ陣中に在った直江兼続は、西日本の情報が入りにくい状況下にあっても、徳川家康と石田三成の動向を気にかけていた。石田三成敗北の知らせが届いたのは、九月も末になってからだった。ここに直江兼続は撤退を開始。一方、家康勝利の知らせに勢いを得た最上義光は、自ら大軍を率いて長谷堂城に駆けつけた。義光は撤退する直江軍を追撃。直江軍の殿《しんがり》を務めていた前田慶次軍は攻めて来る最上義光軍に反撃し、最上軍を追い戻して撃破、義光は危ういところを援軍に救われた。さらに直江兼続も鉄砲隊をもって最上軍を待ち構え、攻めて来たところに一斉に鉄砲を撃ち掛けた。最上軍は混乱し、そこに上杉軍が攻め込んだために最上軍は敗走、百人を超える死者を出した。十月一日に最上軍は再び追撃を試みるが、またも直江軍の鉄砲隊の前に撃破され、最上義光自らなおも白兵戦を仕掛けて来るが、ここでも最上軍は敗退した。翌二日、義光はようやくあきらめて軍を引き上げ、直江軍はしばらく様子を見た上で八日に米沢に戻った。

## 兼続の転機

なぜ上杉家は、徳川家康に付かなかったのであろうか。

第一の理由は、当時の情勢としては徳川家康に付く方がむしろ特別なことだった、ということである。

豊臣秀吉の死後、大名たちは豊臣秀頼に臣下の礼をとっており、上杉景勝もまた秀頼のもとを訪れていた。もともと大名たちはみな豊臣方に付いていたのであって、徳川方に付くということは豊臣家を裏切るということであった。

第二の理由は、豊臣秀吉が遺言状において、五大老に秀頼の保護を頼んだからである。幼い秀頼を残して死期を迎えた秀吉は

秀より《頼》事なりたち候やうに 此《これ》かきつけ候　しゆ《衆》としてたのみ申候
なに事も此《この》ほかにわ おもひのこす事なく候　かしく
返々《かえすがえす》　秀より事たのみ申候　五人のしゆ《衆》たのみ申候〳〵
いさい五人の物に申わたし候　なごりおしく候　以上
八月五日　秀吉御判　　秀吉判
いへやす《徳川家康》　ちくせん《前田利長》　てるもと《毛利輝元》　かけかつ《上杉景勝》　秀いへ《宇喜多秀家》
まいる

（『毛利家文書』）

という遺言状を残して死没した。

しかし五大老筆頭徳川家康は、これまでに何度も秀吉を向こうに回して天下を狙ってきた人物である。織田信長が倒れたときも、家康は信長の次男信雄を擁して秀吉と戦い（小牧・長久手の戦）、その後も秀吉の呼び出しを長らく無視し続けた。ようやく大坂城に赴いて臣下の礼をとった家康を、秀吉は三河（愛知県）から当時まだ小さな漁村だった江戸へと遠ざける、朝鮮出兵の際に秀吉が全国の大名を動員すると家康はこれを拒む、といった具合だ。このような家康との危うい関係の上にあって、秀吉は死期を前に幼い秀頼の後ろ盾として五大老を選定し、先ほどのような遺言状を示すわけである。しかし、このような秀吉の念押しにもかかわら

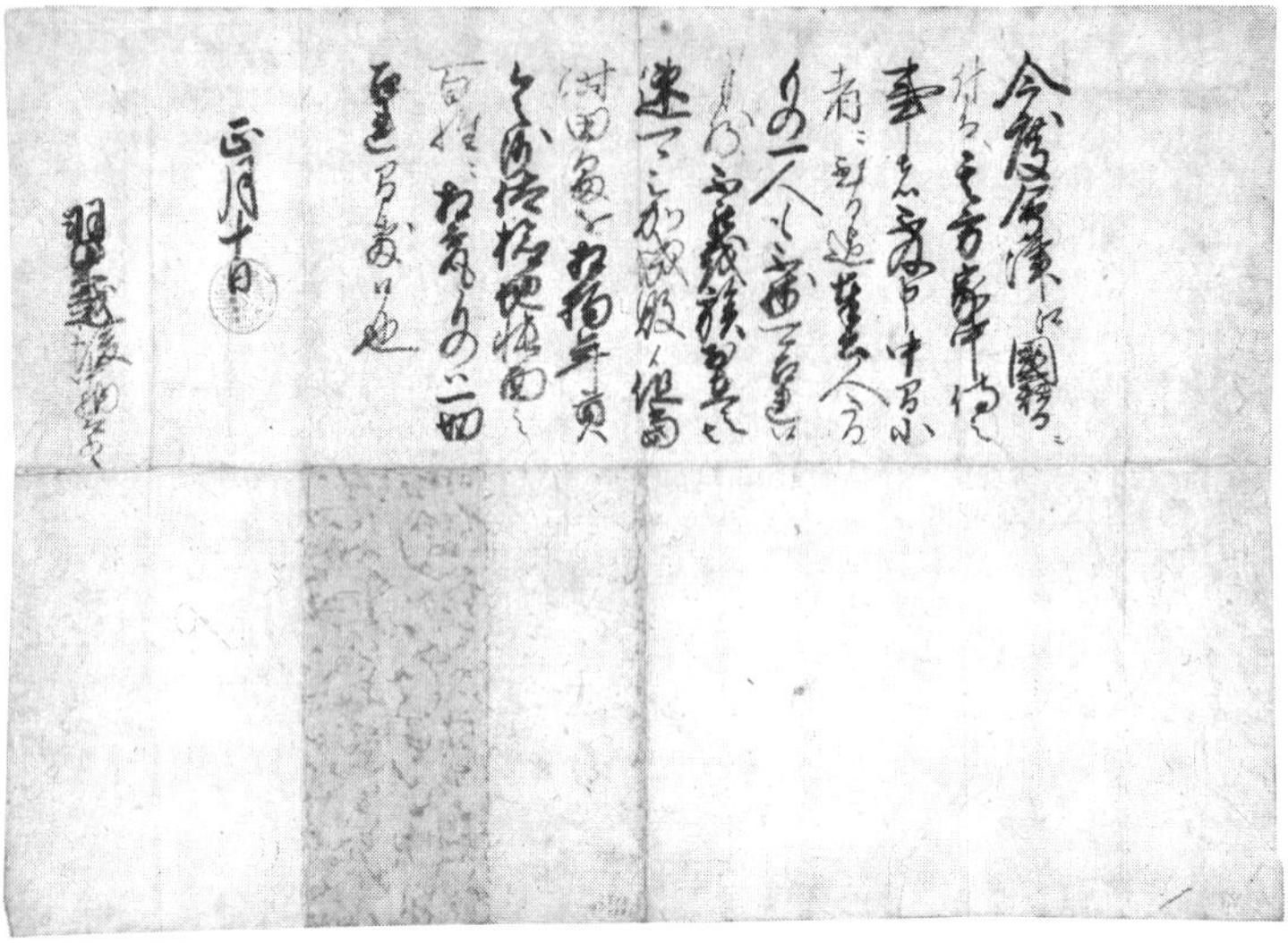

景勝に会津への国替えを命じた豊臣秀吉朱印状
（慶長３年正月10日）（米沢市上杉博物館蔵）

ず、家康は秀頼を排して天下を取るために動きだすのである。

第三の理由は、上杉景勝・直江兼続は秀吉に恩があったからである。

そもそも五大老第三の毛利、第四の宇喜多は、秀吉が織田信長のもとで中国地方を攻略した際に、両家の安全保障と引き換えに秀吉の臣下となった者たちである。彼らは秀吉に恩があり、他の大名たちとは違った特別な結びつきがあった。そして秀吉に恩があるのは、景勝・兼続とて同じであった。前にも述べたように、上杉謙信の死後に大きく弱体化した上杉家は、豊臣秀吉政権と結びつくことによって立て直されたからである。したがって、この三家が豊臣家を守る側に立ち、徳川

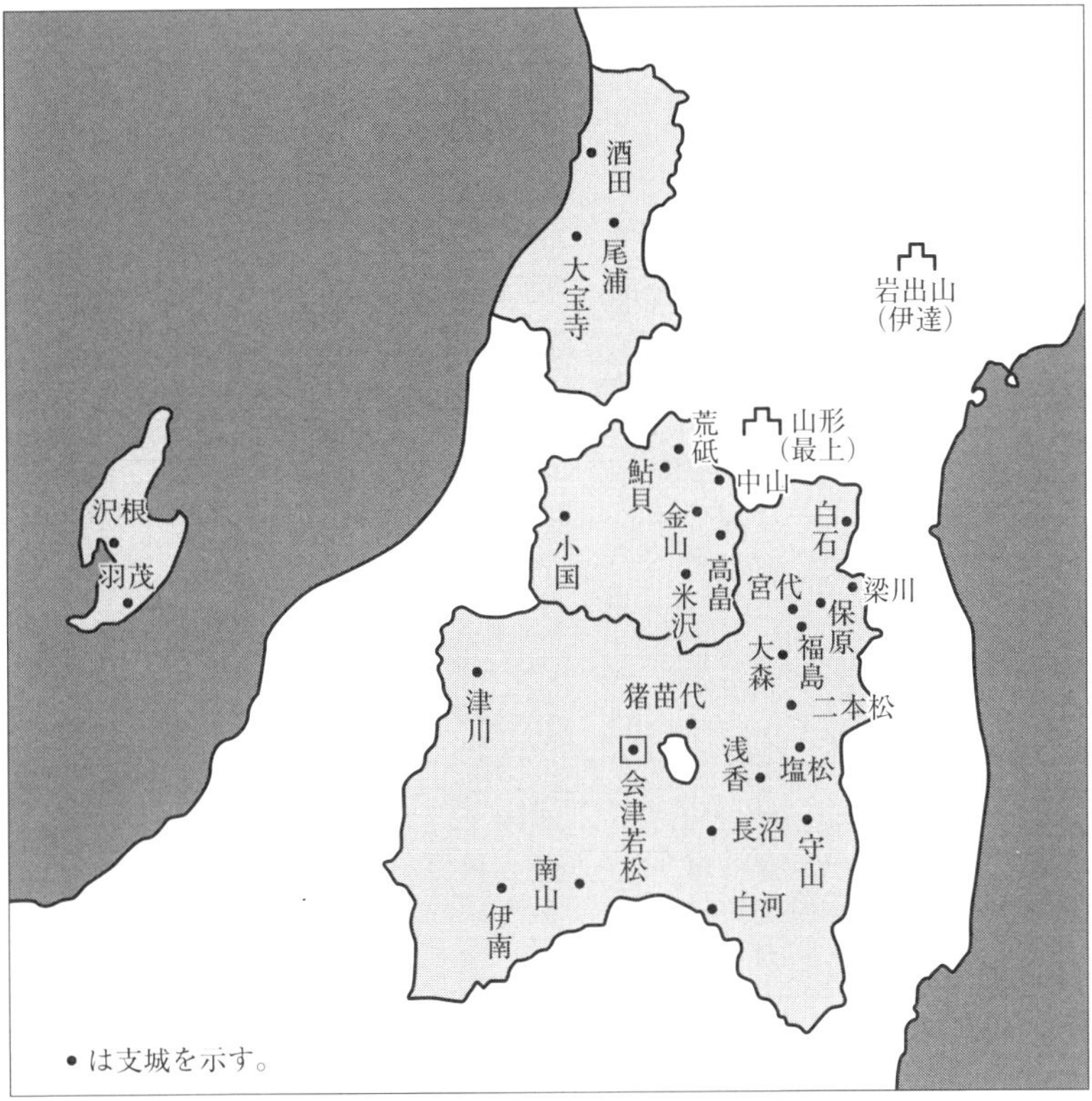


会津120万石時代の上杉家の版図（『米沢市史 第二巻 近世編１』から作成）

家康と対立するに至ったことは、ごく当たり前のことであった。

第四の理由は、上杉家の性格である。「義」の項で詳しく述べることになるが、上杉家は利害や損得を基準にした行動は決してとらなかった。たとえ徳川家康の方に勝算があったとしても、恩のある豊臣家を裏切り、自らの安全や利益を得るために徳川方になびくなどということは、最も上杉家らしくないことであった。

そして第五の理由は、勝負は時の運であり、どちらに軍配が挙がるかは、やってみなければわからないということである。

戦国時代において、群を抜いて戦いが強かったといわれるのは、上杉謙信と武田信玄であった。織田信長軍も上杉謙信に完敗したことがあるし（手取川の戦）、謙信と対等に戦う武田信玄には徳川家康が完敗している（三方ケ原の戦）。上杉景勝・直江兼続は、その謙信が育てた武人である。また、戦略・戦術の巧みさで知られ、徳川家康でもついに破ることのできなかった豊臣秀吉が、才能を高く評価してかわいがったのが石田三成である。そして、その石田三成と意気投合し、よく似たタイプと秀吉に気に入られたのが直江兼続であった。このことだけを見ても、戦いにおいて上杉景勝・直江兼続・石田三成は誰一人として徳川家康に引けを取るものではなく、まして三人が力を合わせれば、徳川家康を倒す可能性は十分にあり得たのである。したがって関ケ原の戦においても、家康の裏工作で石田三成軍から徳川家康軍に寝返った大名たちの中にさえ、戦況を見守って何もしなかった大名は少なくないのである。

以上の理由から、上杉家が徳川家康に付くことはとても考えにくいことであった。そしてこのことは、家康自身もよくわかっていたことである。そのため家康は、石田三成と上杉景勝・

## 東軍（徳川方）

**東海道隊本体（家康隊）**
徳川家康　井伊直政　池田輝政　吉良義定　黒田長政　酒井重忠
藤堂高虎　福島正則　細川忠興　柳生宗矩　山内一豊

**中山道隊（秀忠隊）**
徳川秀忠　土岐定義　本多正信

対上杉守備隊
結城秀康

**在国**
奥羽：南部利直　伊達政宗　秋田実季　戸沢政盛　最上義光
越後：村上義明　堀秀治
北陸：前田利長
九州：加藤清正　有馬晴信

## 西軍（石田方）

**本隊**
石田三成　安国寺恵瓊　宇喜多秀家　大谷吉継　吉川広家　小西行長
朽木元綱　小早川秀秋　長宗我部盛親　長束正家　毛利秀元
但し　　　　は戦場で東軍に内応していた

**大坂城留守居・守備隊**
毛利輝元　増田長盛　前田玄以

**在国**
奥羽：上杉景勝
関東：佐竹義宣　蘆名義広
信濃：真田昌幸
北陸：前田利政
九州：鍋島直茂

関ケ原の戦における東西両軍の主な大名・武将

直江兼続の動向に神経をとがらせていた。すなわち、大坂城西の丸を押さえ自らも近くの伏見城に在って石田三成の動きを封じ込め、一方では上杉家の神指城築城や街道整備などをとがめて上洛を求めたのである。

こうして石田・上杉・直江と徳川の対立の構図が出来上がっていくわけであるが、それでは直江兼続自身は、果たしてどのような目的または見通しを持って、動いていたのであろうか。

この対立において、直江兼続が徳川家康に対して最初に起こしたアクションと思われるのが、「直江状」である。単に、築城などが家康との戦いに備えたものではないという申し開きのためだけならば、あれほど家康を怒らせるような文面にする必要はない。そこには明らかに、何らかの意図があるのである。それは、消極的に解釈しても、上杉家は家康に服従するつもりはないという意思表示であっただろうし、積極的に解釈すれば、これに激怒した家康が出陣した史実も示す通り、家康への挑戦状でもあっただろう。この時期に石田三成の使者が会津を訪れていることも考え合わせれば、大坂で家康に押さえ込まれて動けない石田三成への助け舟として、家康を挑発して引っ張り出すことも期待していた可能性は十分にある。しかし、もちろん兼続とて手紙ひとつで家康を自在に操ることができるとは考えていなかったであろうから、「直江状」によって家康が出陣したことはあくまで結果であって、兼続にしてみれば「うまくいけば良し、うまくいかなくとも、そのときは次を考えればよい」という程度の駆け引きだったであろう。

一方、徳川家康は、石橋を叩いて渡るような慎重な性格で知られている。その家康が、「直江状」に激怒して大軍を動かしたというのは、何とも家康らしからぬことである。ここでは家康もまた、何らかの意図を持って行動していると思えるのである。

この年、家康はすでに五十八歳になっていた。激しいストレスの中で生きる戦国武将の寿命は、決して長くはない。戦いなどで命を落とす場合を除いても、例えば床に就いて死没した豊臣秀吉の享年は六十、元和五年（一六一九）に没した直江兼続も享年五十九である。つまり、家康にはもう時間的な余裕がなかったのである。このとき上杉景勝は四十四歳、直江兼続と石田三成は四十歳である。

秀吉が没してから早くも二年が過ぎており、もしもこのまま家康が石田三成の押さえ込みに時間を費やし、上杉家が着々と足元を固めて力をつけていくのを傍観していたのであれば、天下を取れる可能性は日を追って失われていくだろう。家康にとって持久戦は、最も避けなければならないことであった。家康もまた、何らかのアクションを起こさなければならないところに来ていたのである。そこで、上杉家の築城などをとがめ、つついてみたのであろう。そうし

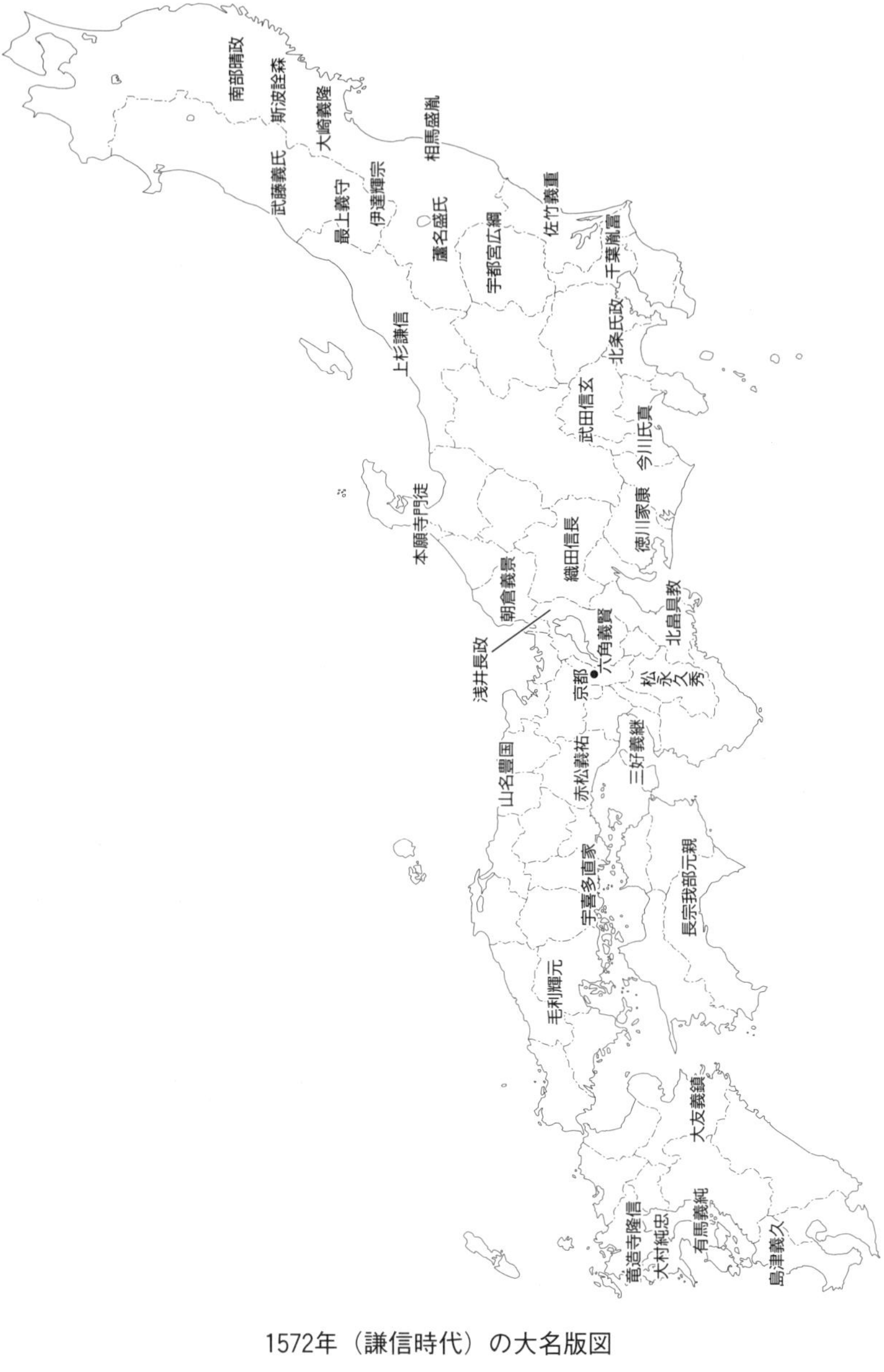


1572年（謙信時代）の大名版図

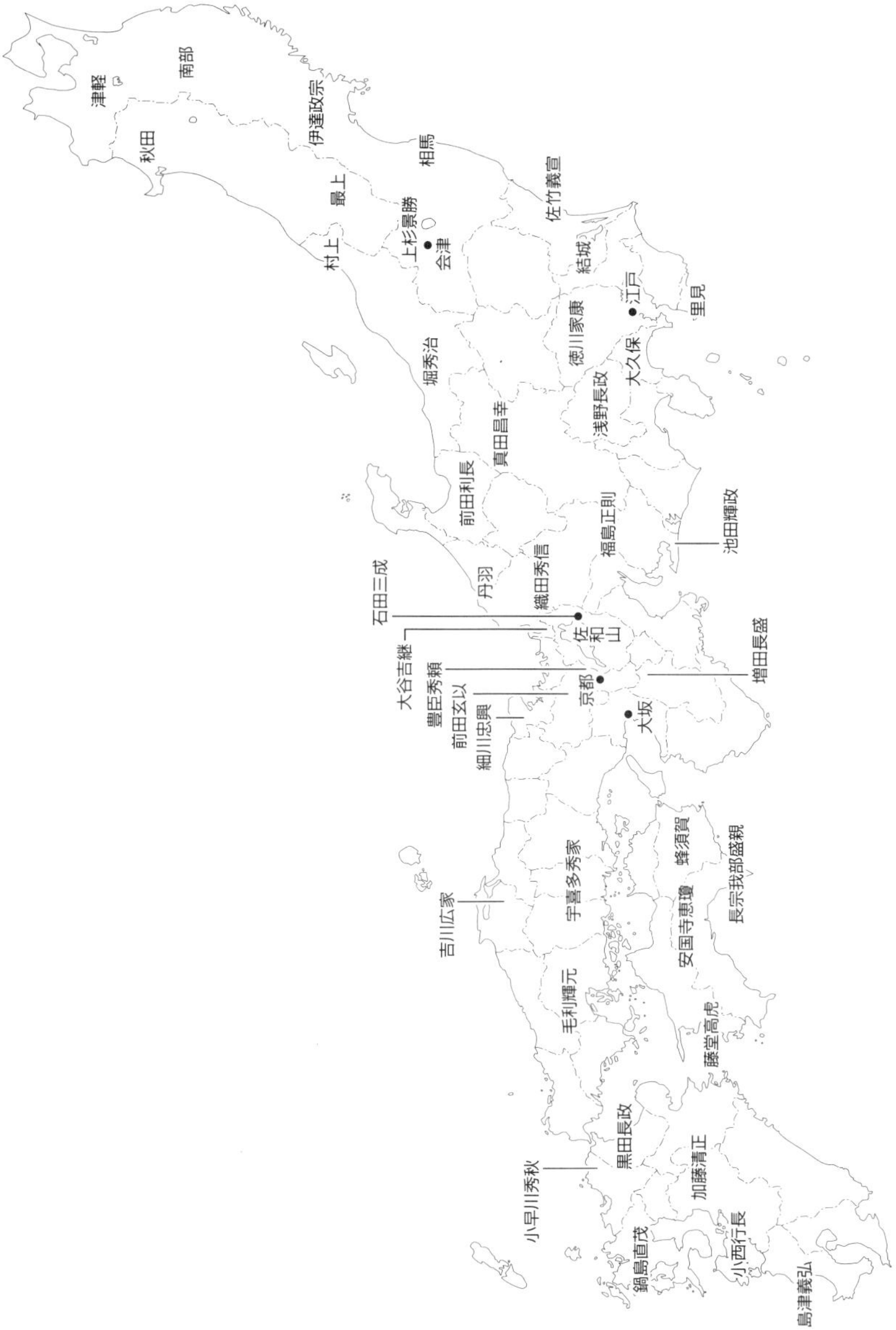
南部
津軽
秋田
伊達政宗
相馬
最上
佐竹義宣
上杉景勝
会津
村上
結城
江戸
里見
徳川家康
大久保
堀秀治
浅野長政
真田昌幸
前田利長
池田輝政
福島正則
石田三成
丹羽
織田秀信
佐和山
増田長盛
大谷吉継
豊臣秀頼
京都
前田玄以
大坂
細川忠興
蜂須賀
長宗我部盛親
宇喜多秀家
吉川広家
安国寺恵瓊
毛利輝元
藤堂高虎
黒田長政
小早川秀秋
加藤清正
鍋島直茂
小西行長
島津義弘

1600年の大名版図

たら「直江状」が舞い込んできた。この、家康を批判する手紙を甘んじて受け取ること自体、家康が上杉家の前に屈するとも受け取られかねない。ほかにもいくつかの選択肢はあったであろうが、家康は上杉討伐のための出陣という道を選択した。これによって石田三成を堅固な大坂城から外に誘い出し、にらみ合いを終わらせる可能性を期待しながらの駆け引きであった。

石田三成にしてみれば、徳川家康が伏見城を離れて東進したことがチャンスと思われた。しかしこのとき、頼りの毛利輝元は消極的で、北政所の協力も得られなかったことは、前に述べた通りである。そこで三成は、いよいよ豊臣秀頼自身が大坂城を出て戦場に立ってくれるように求めたが、秀頼がまだ幼いということもあり、母淀君がこれを拒んだ。こちらもなかなか思うように事が運ばず、苦労していたのである。

上杉家にとって、最上義光らの庄内侵攻も十分に予測できたことではあっただろうが、それが徳川家康に付くことを宣言した上で行われることや、どのタイミングで上杉領のどこを攻めてくるかということになると、やはり予測しにくいことだったと思われる。

こうして慶長五年（一六〇〇）七月下旬には、北から西へ、最上（徳川方）―上杉（豊臣方）―徳川―石田（豊臣方）という並びとなった。このうち、真ん中の上杉―徳川が直接対決しようと動いているわけだが、それぞれの背後を最上、石田が脅かしている構図である。そして徳川は、上杉との対決をやめて石田へと矛先を変え、それに応じて上杉も、最上へと矛先を転向していくのである。

もしもこのとき石田軍が徳川軍のすぐ背後まで迫っていたならば、違う展開が望めたのではないか、という意見を聞くこともある。そのためには石田軍がもっと短時間で伏見城を落としてしまわなければならないが、豊臣秀吉が中央における活動の拠点として築城した伏見城が、容易に攻め落とせる城であったとは考えにくい。さらに、石田三成を誘い出す意図があったであろう家康が、その足留めを狙って伏見城に置いた家臣たちには、石田軍と戦う備えは十分にできていたはずである。したがって、この場合の「もし」はあまり期待できないことであり、そのことは、直江兼続もよくわかっていたものと思われる。

それでもこのころの直江兼続には、まだ若い気負いが感じられる。最上義光らが背後を脅かしていたにもかかわらず、兼続は米沢を遠く離れ、宇都宮まで出て家康と戦うことも考えていたらしい。また、徳川家康が小山から西へと戻ったときにも、家康を追撃することを進言している。しかしこれは、上杉景勝が認めなかった。

そもそも、この一連の戦いの目的は何であったか。上杉には特に徳川家康に恨みがあるわけでもなく、むしろ家康の能力の高さは十分に認め得るものだったであろう。しかし、豊臣家に恩義のある上杉景勝・直江兼続とは対立する位置に家康が自ら立ったのであり、しかも豊臣家を裏切ることを最も期待できそうにない上杉家を、家康が警戒し敵視したことから、衝突が現実化したのである。

さらに、先に述べた通り、上杉景勝・直江兼続にとって、戦いとは決して私的な利益や感情に基づくものであってはならないのである。これは上杉謙信が最も重視したことであり、謙信に育てられた景勝も兼続も、そのことをしっかりと受け継いでいた。したがって、もはや上杉を攻撃して来ない徳川家康を追いかけてまで攻める理由は何も無いのであって、あとは、豊臣家を代表する石田三成と徳川家康のどちらが勝つのか、その時勢を見守るのが上杉謙信の意に沿った道だったのである。

それにもかかわらず、なぜこのとき直江兼続は家康追撃を進言したのか。それはやはり、彼の若さだったのではなかろうか。この年、兼続は四十歳、まさに人生の大きな転機であった。追撃は認めないという景勝の判断を突きつけられた兼続は、自らの在るべき姿、とるべき道が何であったのかを、あらためて自覚したのではないか。まさに兼続が「四十にして惑わず」の域に達した瞬間であったと思うのである。

直江兼続の意識は、そこで家康から離れ、最上義光による脅威の排除に切り替えられたと思われる。そして兼続は、この最上攻めに、戦勝祈願のための守護仏愛染明王の兜ではなく、自らの生き方を示す普賢菩薩の兜を掲げて行くのである。普賢菩薩とは、賢・智《ち》をもって人々を守護する仏であり、これこそが「四十にして」兼続が自覚した自らの在るべき姿、生き方であった（このことについては「愛」の項で詳述）。この戦いの目的は、もはや相手を倒すことではなく、上杉家に対する脅威を排除し、上杉家の人々や領民の安寧を守るための戦いであった。そのためにも兼続は、石田三成と徳川家康との戦いの行方を見守り、時代がどちらの方向に流れていくのかを見定めようとした。そして徳川家康が勝利したことを知るとすぐに、徳川方に付いた最上義光が死守する長谷堂城への攻撃をやめて撤退し、再び徳川家康が上杉を攻めなければならない理由をつくらないようにした。もちろん、今後において最上義光が二度と安易に上杉領に手を出さないように、追撃して来る義光を手痛く叩いておくことは忘れなかった。

　その後、上杉家は徳川家康によって米沢三十万石に減封されたものの、徳川政権との関係は修復された。また、長谷堂城の戦直後の伊達政宗の福島侵攻を撃退して後は、周囲からの上杉領への軍事侵攻も行われなかった。こうした中で直江兼続は、米沢におけるこれからの約二十年間を、自ら思い定めた生き方を貫いて生きていくのである。

# 智将

直江兼続が学問にとても熱心だったことは、彼の内面を探る上で重要なことである。彼の蔵書の量、蔵書一つ一つの質の高さ、そして彼の手で執筆された書籍、彼の出版事業によって制作された書籍など、どれをとってもそのすごさに驚かされる。それは単なるたしなみの域を超えており、むしろ武人の顔と学者の顔を併せ持っているといってもよいぐらいである。

兼続は、学問を志す上で大変に恵まれた環境で成長した。それは、上杉謙信が学問の面でも高いレベルにあったからである。謙信は六歳から十三歳まで上杉家の菩提寺である春日山林泉寺（新潟県上越市）に入れられて、僧としての教育を受けた。その後も彼は、僧としての生き方を生涯貫いた。「謙信」という名も法号である。当時、寺院と学問は不可分の関係にあり、上杉謙信は戦国大名の中でも珍しく本格的な学問教育を受けていたわけである。能登国七尾城（石川県七尾市）を攻めたときに陣中で詠んだ「霜満軍営秋気清　数行過雁月三更　越山併得能州景　遮莫家郷憶遠征」（霜は軍営《ぐんえい》に満ちて秋気清《しゅうききよ》し　数行《すうこう》の過雁月三更《かがんつきさんこう》　越山あわせ得たり能州《のうしゅう》の景　さもあらばあれ家郷《かきょう》の遠征をおもふ）の詩は有名である。

さて本稿では、直江兼続が学んだ学問が、兼続の内面や活動にどのような影響を与えているのかを探ってみようと思う。戦い以外の場で、兼続がどのような思いで行動していたのかを、知りたいためである。

## 智　者

天正十六年（一五八八）、直江兼続は初めて上洛した際に、妙心寺の南化玄興のもとを訪ねた。南化玄興は、織田信長・豊臣秀吉も尊崇した儒学・漢文では随一の禅僧であり、多くの優れた五山僧との広いつながりを持っていた。兼続はそこで漢詩注釈書『古文真宝』の書写を望み、南化はその取り組む姿に感じ入って、二人の交流が始まることになる。その後兼続は、おそらくは南化の持つ人脈を通じて、多くの五山僧から、多くの貴重な漢籍を手に入れていく。

ここで、直江兼続が学んだ漢学がどのような内容を持つものか、見ておこう。

五山僧とは、室町幕府の保護を受けた京都の禅宗寺院「五山」（天竜寺・相国寺・建仁寺・東福寺・万寿寺）において、五山文学に取り組む僧たちのことである。五山文学とは、もともとは中国の南宋時代（宋代）において禅僧たちが漢詩文をたしなんだところから始まるが、やがて彼らの目は史書・学問書などにも向けられるようになった。特に日本においては学問研究のウエイトが大きくなり、その中核を成すのが宋学であった。宋学とは、時代とともに発達する儒学の、宋代における発達の成果を指している。したがって、南化玄興を通じて多くの五山文学の精華を入手した直江兼続の学問は、漢詩文のたしなみの上にある、儒学を中心とする漢学が支柱であったと言えよう。そしてその中には歴史学も含まれていたことが、兼続の蔵書の中に『宋版史記』『宋版漢書』『宋版後漢書』が含まれていることからもうかがえる。

兼続は晩年、米沢に禅林寺（禅林文庫）を創設して、自分の蔵書や同寺の開祖九山の蔵書をそこに納めた。「禅林」とは禅宗寺院を意味しており、その頂点にあるのが京都の「五山」であった。このことからも、兼続自身が自らの学問を、五山文学の中に位置づけていたことがわかるのである。

禅林寺の開祖となった九山は、兼続が足利学校（足利市）で学ばせた僧であった。下野国《しもつけ》（栃木県）にある足利学校は、十五世紀に関東管領《かんれい》上杉憲実《のりざね》の手で再興され、戦国時代以降は国内最大・最高の大学と評されて、儒学を中心に、易学・兵学・医学などが教授されていた。直江兼続もまた、儒学以外にも易学（占い）・兵学・医学を重視しており、また兼続の蔵書の中には足利学校の流れを汲むものも含まれていたとのことであるから、足利学校の学問もまた、兼続の学問において大きな柱となっていたと言えよう。

五山文学と足利学校という、性質の異なる、東西の学問の最高峰を修学した直江兼続は、学問に対する熱意と、その学問のレベルの高さにおいて、当時から高い評価を得ていた。そのことは、徳川家康のブレーンの一人である藤原惺窩《せいか》が人に送った手紙からも垣間見ることができる。

藤原惺窩は、直江兼続の一つ年下で、同じ年に没した、兼続と全く同じ時代を生きた儒学者である。その学問は、直江兼続を考察する上で大いに参考になるので、ここで簡単に紹介しておく。

宋学（南宋時代の儒学）はもともと仏教教義の影響が加わった儒学であることが特色とされており、仏教寺院の五山僧の間で盛んに研究された日本の宋学は、ますます仏教と一致化していった。禅宗寺院である林泉寺で学んだ上杉謙信の学問も、五山文学を中心とした直江兼続の学問も、このタイプに属している。しかし戦国時代の厳しい社会を経て、儒学者の中に哲学としての儒学と宗教としての仏教との違和感が認識され始め、儒学から仏教的要素を排して学問として自立しようという動きが生まれてくる。藤原惺窩はその先駆者であり、「京学の祖」と呼ばれた。すなわち藤原惺窩は、直江兼続とは対立する立場にあった、当代を代表する儒学者なのである。

にもかかわらず惺窩は、手紙の中で、武将の中で学問をよくする者として上杉謙信・直江兼続の名前を挙げているのである。考え方や立場は異にしながらも、謙信や兼続の学問に向かう姿勢や学問のレベルの高さを、客観的に認めざるを得なかったのであろう。

さらに、藤原惺窩に弟子入りし、徳川家康のブレーンとして江戸幕府初期の歴代将軍の侍講となった林羅山も、直江兼続が出版した書籍を求め、上杉景勝を通じて入手している。また、兼続没後の十七世紀後半には、江戸幕府第六代将軍徳川家宣・第七代将軍徳川家継のもとで正徳の治を行った当代きっての儒学者新井白石（藤原惺窩の孫弟子に当たる）も、直江兼続の漢詩を高く評価しているのである。

以上のことをまとめると、次のようなことが言えるのではないか。すなわち、五山文学と足利学校という二つの頂点をもって成熟した、日本の中世における学問は、それが直江兼続のもとで禅林文庫として集約された。そしてその成果は、次の時代を担う京学においても評価され、江戸時代の学問にも少なからず受け継がれていく。となれば直江兼続は、日本の学問史において、中世と近世とを結ぶ重要な役割の一端を担ったことになるのである。

亀岡文殊堂

ここで、慶長五年（一六〇〇）長谷堂城の戦以降の直江兼続の文学・学問面における動きを、かいつまんで見てみよう。

慶長五年、上杉景勝が米沢に移ることが決まってから実際に移るまでの間に、兼続は京都で連句会を開催している。

慶長七年、高畠（山形県東置賜郡高畠町）の亀岡文殊堂（大聖寺）で詩歌会を開催。このときの作品には、兼続のほか、前田慶次のものも確認されている。

慶長十二年、兼続は私費を投じ『文選』を刊行した。この『文選』こそが林羅山が求めたものであり、智将直江兼続を代表するものの一つである。

元和四年（一六一八）、禅林寺を創立する。

これらの事実から、減封後の厳しい米沢経営や大坂の陣などで多忙を極める中にあっても兼続は、最後まで文学・学問への情熱が冷めることがなかったことがわかる。言い換えれば、米沢に移って以後も、学問に打ち込む直江兼続は、常に意欲を持って生きていたのである。

## 治水

上杉景勝が米沢に移されたことで、直江兼続は、米沢が自分の終《つい》の住処《すみか》となることをあらためて自覚した。そこで兼続は、自らの持てる能力をすべて注ぎ込み、米沢を良い町に造り上げようとする。もちろん減封によって大きな課題が大量に発生しているが、それこそが智将直江兼続の力の見せどころである。兼続はひるむことなく、むしろ学問への取り組みと両立させながら、意欲的に、次々と手を打っていくのである。

土地経営の基は治水である。戦国大名の領国経営においても治水は重要なポイントであった。加えて直江兼続の場合は、蔵書の一つである『史記』の中にも治水の成功例が数多く登場することから、学問的な見地からも治水事業に対する興味や意欲があったかもしれない。兼続は自ら山に登って米沢盆地の地勢を視察し、具体的な工事内容を決めていった。

米沢盆地を流れる主な河川は、東に羽黒川、西端に鬼面川《おものがわ》、そして中央東寄りに松川である。最大の問題は、松川がしばしば氾濫して水害をもたらすことである。そのため、上流部（盆地南部）の平地では農地が得られず、その北側で西岸に隣接する城下町は最大で約一キロも松川との間を空けておかなければならなかった。また、松川が東に寄っているため、その西側に広がる平地の広い部分が水を得られず、荒れ地になっていることも問題であった。

上杉家は会津・米沢・庄内を主とする百二十万石から米沢を主とする三十万石に減封された。「石《こく》」とは米の量を表す単位だが、米の収穫量は田地の面積にほぼ比例するから領地の広さも表しており、田地の面積はそれを経営する農民の数にほぼ比例するから支配する人口規模も表している。領地や住民を現場で管理するのは、大名の家臣団であるから、「〇〇万石の領地・人口を支配するためには〇〇人規模の家臣団が必要」という法則が成り立つ。また一方で、米を税の主体とする当時は抱えることの出来る家臣団の規模が米の収穫量に制約されるため、「〇〇万石の領地収入で養える家臣団は〇〇人規模」という法則も成り立つ。通常、百二十万石ならば四千～六千人の家臣団、三十万石ならば千～千五百人の家臣団といわれる。

ところが、上杉家が会津から米沢に移る際、家臣団がほとんど丸ごと一緒に移動したのである。上杉家を離れた家臣も一部いたが、上杉景勝も直江兼続も、経営が苦しいからとリストラで乗り切るようなことはしなかったため、五千人以上ともいわれる家臣団を三十万石で養うという、一見不可能とも思える経営をしなければならなくなるのである。

直江兼続に対する批評の中には、「義」にこだわるあまり無茶な経営に踏み出し、経営者としては無能だ、というものもあるかもしれない。しかし兼続は、直江家を継いでから死ぬまでずっと上杉家の財務責任者であり、その能力の高さは周囲の知るところであった。三年前に米沢入りしていた兼続は、現実的に、三十万石の所領で五千人前後の家臣団を養える可能性を見ていたのであり、具体的に何をどうするかの考えも持っていた。実際に、上杉家が米沢に移ってからの兼続は、経営安定のための施策を次々と打ち出し、驚くほどの短期間で経営を軌道に乗せてしまった。公式評価三十万石の所領で、兼続晩年の上杉家の実質収入は五十二万石になっていたともいわれる。今も昔も優れた経営者の多くは、目先の利益よりも人道を優先することが結果として大きな利益につながることを説いているが、直江兼続もその一人に加えることができるだろう。

兼続は、松川の氾濫を抑えるための堤防築造を行っている。松川上流の西側沿岸に、大きな丸石を積み重ねて造られた「直江堤」を、今も見ることができる。石堤は現在も長さ一・二キロにわたって残っており、その規模の大きさと、美しいとさえ思えるほどの技術に圧倒される。

直江堤（米沢市大字赤崩）

直江堤上部

城下町南側の平地を潤す堀立川（米沢市大字李山）

これによって松川の氾濫は鎮まり、南部の平地においては松川西岸部の農地利用が可能となり、また城下町の三の丸拡張も可能となって、三十万石五千人の大藩にふさわしい城下町の建設が大きく前進することとなった。

また兼続は、城下町に流れ込む三本の水路を開削した。

そのうち最大のものが、堀立川《ほったてがわ》である。堀立川は米沢盆地南端部において東寄りを流れる松川から取水し（猿尾堰）、北西方向に斜めに流してから北方向に向きを変え、平地西寄りを城下町まで流したものである。これによって城下町南側に広がる荒れ地は全面的に農地化され、兼続はそこに、城下町に収まりきらない下級家臣たちを住まわせ開拓させた。半士半農の彼らは

「原方衆」と呼ばれたが、米の増産と下級家臣の生活保障、そして農地拡大に伴う農民不足の解消という、非常に有効な施策であった。

さらに堀立川は、城下町に入ると防衛施設としての役割を果たした。堀立川は城下町に入ったところから水勢を抑えるために細かく蛇行しながら、城下町の西側に沿うように流れている。そして、両岸はわざと低地とされ、有事の際には三の丸北端（周防殿《すおどの》橋北側）など数カ所でせき止めて水を溢れさせ、幅約二十メートルの堀と化すように造られているのである。現在も周防殿橋のすぐ横には堰《せき》があるが、堀になった堀立川がそれ以上溢れないように水量調節ができるようになっていた。また、せき止める地区の住民には毎年一回、実際にせき止める訓練をさせていたという。

こうして米沢の城下町は、東は松川、西は堀立川によって守られることになった。堀立川はその先で再び松川に合流する。

第二の水路は御入水《おいりみず》と呼ばれる生活用水路である。城下町南東部より町に入り、三本に分かれて主に上級家臣団の屋敷地を通る（その後増設され、最終的には城下町内全域に張りめぐらされていく）。そのうち中央の一本は、三の丸、二の丸の堀の上を越えて二の丸内にまで入り込んでいるが、ここにも兼続の防衛上の工夫があった。万一、米沢城が敵に囲まれた場合、二の

今も残る御入水（米沢市城南４）

丸、三の丸の城門は全て閉ざされる。しかし米沢城の場合、城下町に入りきらない中下級家臣たちが南側の平地を中心に大勢いるわけで、彼らが城内に駆けつける前に城門が閉鎖された場合の抜け道として御入水が役立つのである。すなわち彼らは、三の丸の外から御入水の中をジャブジャブと歩き、堀を越え、水門をくぐり、道路や城門を一切通らずに二の丸内にまで入れる仕組みである。

第三の水路は木場川である。盆地西端を流れる鬼面川から取水し（帯刀堰）、三の丸西外の木場町まで流し込む水路である。木場川は、城下町の南東部から三の丸に入って上級家臣団に給される御入水に対し、北西部の三の丸外の中下級家臣団の生活用水を支えたが、その最大の目的は上流山間部からの木流しであった。ここから得られる木材が城下町の建設に用いられるのはもちろんであるが、雪深い米沢の冬に不可欠な大量の薪《まき》も木場川によって確保された。

こうして直江兼続は、多方面にわたる幾多の大きな課題を治水事業によって解決し、上杉家の経営を軌道に乗せていくのである。

## 米沢の建設

米沢の町は、直江兼続の智恵の結実である。その詳細はとてもここには載せきれないが、多角的な要求を複合的に満たしつつ、細部に至るまで実に丁寧に造られている。ここではその一部を紹介し、直江兼続の米沢建設の意欲を推し量ってみようと思う。

まずは軍事面である。長谷堂城の戦後も伊達政宗が福島方面を侵すなど、最上や伊達の脅威は消えてはいなかった。その後の歴史を知る私たちは、日本はやがて天下泰平となり軍事都市建設の必要性は薄らいでいくものと考えるが、当時はまだまだそうではなかったのである。

よく、米沢城は高い石垣も造られず天守閣もなくて、米沢の財政難を物語っている、というようなコメントを目にするが、一概にそうとは言えない。確かに兼続は、家臣の給与を一律三分の一に減らすなど、厳しい経営を迫られていた。しかし、高い石垣と広い堀、そして天守閣というのは、そもそも西日本の文化なのである。現在、国内で確認されている城跡のうち約九五パーセントが山城である。山の中に、あるいは尾根や山頂に加工を施し、館とセットで成り立っている戦闘性の高い砦のことだ。織田信長が安土城に天守閣（天主台）をつくったことに始まる高層建築の城文化は西日本で発達し、天守閣を支える土台の精密な石加工技術の発達によって実現した高い石垣が、それに加わった。一般に、日本の城というとこのタイプのものを思い浮かべる方も多いだろうが、このタイプは日本の城全体の二〜三パーセントにすぎない。そして、この文化は信長から秀吉、家康へと受け継がれ、東日本に造られた天守閣・高い石垣・広い堀を備える城はみな徳川系の城（名古屋城、江戸城、会津若松城など）である。これに対して東日本の城は本来、館・櫓《やぐら》と土居（土塁）・堀という文化である。米沢城の場合も、かつて本丸であった松岬《まつがさき》公園などに今も土居の名残がいくつも確認でき、堀もほぼ当時の幅のまま残っていて、典型的な東日本の城であったことがわかる。

では、高い石垣も広い堀も持たない東日本の城は、どのようにして敵の攻撃から本丸を守るのか。その仕組みは町にある。東日本の城は城下町に防衛機能を持たせ、町割り・道路・水濠・土居などを組み立てていくのである。豊臣秀吉との戦いでよく知られる神奈川県の小田原城

城下町建設で南北の通りの指標となった兜山（米沢市川井小路付近から撮影）

（小田原市）は、その典型である。

米沢城は、本丸・二の丸・三の丸がそれぞれ土居と堀で囲まれ、その内外の道路や町割り、門や諸施設には防衛機能を高めるさまざまな工夫が施された。また、主に上・中級家臣団の屋敷地となった三の丸内は、本丸・二の丸の東に上級家臣団の大きな屋敷が並び、北東・南東の隅には直江兼続の腹心である平林氏・志駄氏の屋敷、北端には兼続が信頼を寄せる色部氏の屋敷、西北には禅林寺、西には上杉景勝の旗本である五十騎組、西南には直江家の旗本である与板衆、南には上杉謙信の旗本であった馬廻組、というふうに強力な家臣団が隙間なく配置された。さらにその外側には、東に大規模な東寺町そして松川、北に北寺町、西に堀立川と直峯《のみね》衆

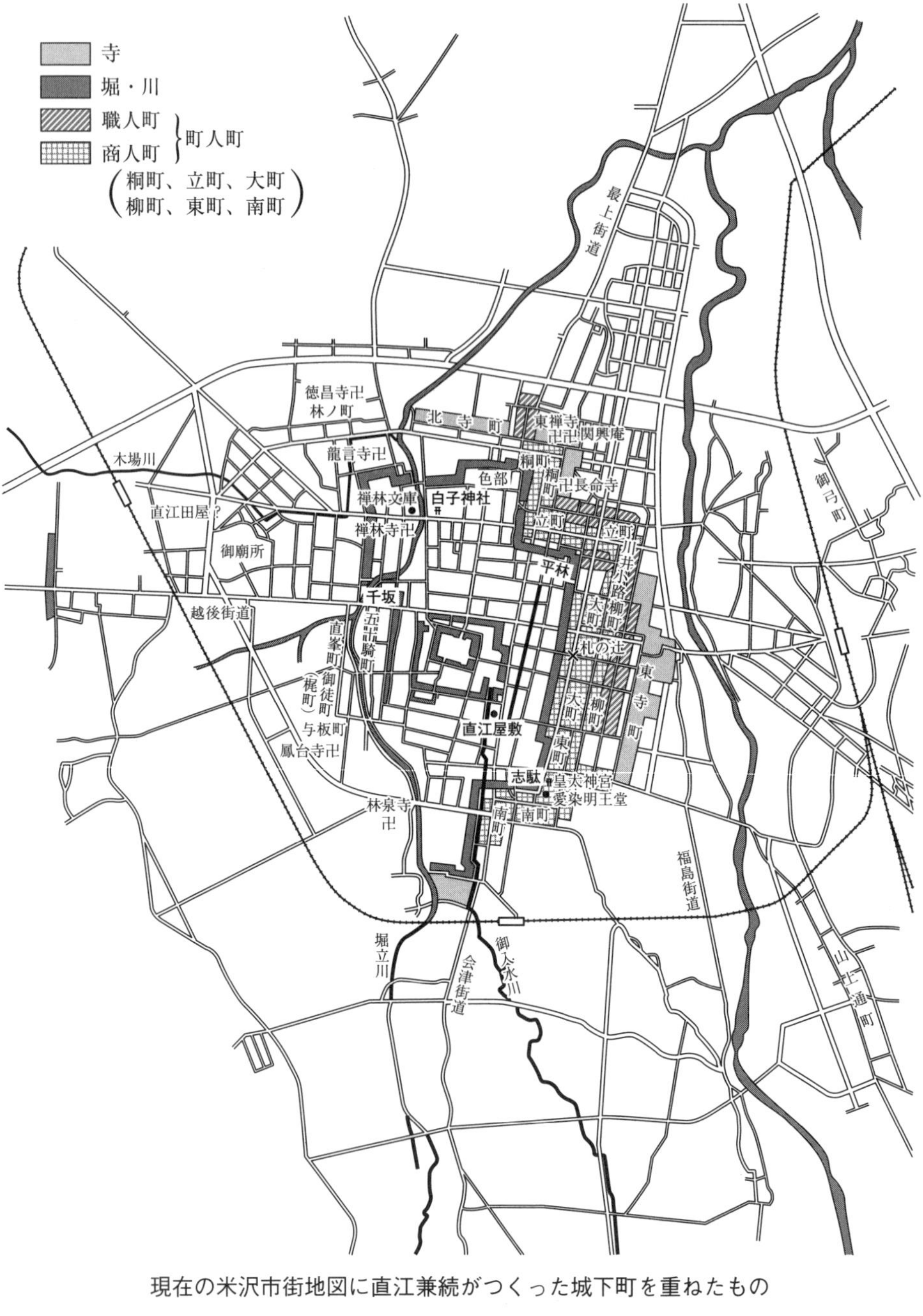


現在の米沢市街地図に直江兼続がつくった城下町を重ねたもの

（兼続の生家である樋口家の家臣団）、南には多数の原方衆が置かれた。さらにその周りを、東に前田慶次と堂森善光寺、北に色部氏の家臣団と千眼寺、西にはかつて伊達家が造成した諸施設、南には原方衆と普門院が囲んでいた。その外側にも二重三重に家臣団が配置され、鉄砲が配備されていくが、城下町を遠く離れるのでここでは説明を省略させていただく。

次に、商業面から米沢を見てみよう。兼続は商業地を三の丸の東側（三の丸外縁の堀と東寺町の間）に整備して六つの商人町を置き、その中に、北は最上街道、南は会津街道と福島街道につながるメインストリートを通した。その結果、米沢を通過する旅人は、ほぼ全ての商人町を歩くことになる。それは同時に、南北に長い三の丸の東縁に沿って延々と歩くことでもあり、しかも三の丸東側は上級家臣たちの大きな屋敷が軒を並べているわけであるから、兼続は来訪者に対して視覚的に上杉家の威厳と繁栄をアピールする効果も狙っていたものと考えられている。また、西側の住民の檀那寺を東寺町に、というように、住民と檀那寺を城下町の反対方向に配置することによって、城下町の中の人の往来を盛んにするような工夫も行った。

交通の動脈は街道と水路であり、兼続はこれらを直接管理下に置くことにも意を配っていた。街道については、城下町の北の最上街道の入り口に色部氏・平林氏の屋敷、南の会津・福島街道の入口には志駄氏の屋敷、西の越後街道沿いには兼続の下屋敷（直江田屋）、重臣・千坂

米沢・山形・会津若松関連史跡図

氏の屋敷を置いた。また、城下町に直接入ってくる堀立川については、南の入り口には与板衆、北の出口には禅林寺が置かれた。城下町の外側を流れる河川については、盆地東側の羽黒川近くには前田慶次が居り、鬼面川から続く木場川は直江兼続の下屋敷付近を通っていた。

寛文四年(一六六四)、米沢藩はさらに十五万石まで減封され、支配を離れた信夫地方(福島)・猪苗代・高畠などから家臣団が移入して、従来の城下町の周りなどに新たな屋敷地が造成された。そして近年、そのさらに外周にバイパスや宅地などが造成されたが、四百年前に造られた城下町はほぼその姿をとどめている。堀は埋められ土居は崩されても、ほとんどの道路や水路が継承され、寺院も半分近くが現在に至っており、屋敷地も当時の形跡が多数確認できる。もちろん建造物などはすべて変わってしまったが、航空写真で見ると、現在の米沢がかつての城下町絵図と大きくは変わっていないことがよく分かる。米沢の人間は、直江兼続が造った町に、四百年間も暮らし続けているのである。

# 義

上杉謙信・上杉景勝・直江兼続は三人とも、幼少期に親もとを離れ、他所《よそ》で育てられた経歴を持つ。

幼少期に親もとを離れて成長したことで有名な人物に、徳川家康がいる。この経験は家康の人格形成に多大な影響を与え、その影響は彼の生涯を通じて彼を特徴づけた。幼少期に他人のもとで育てられた子どもは、早くから自己と他人との距離感を覚え、他人を意識した行動をとるようになる。こうして早くから社会性が育ち、周りのことをよく観察して適切に対応する力が身につく。一方で、相手を意識するところから自分と他者の違いを認識し、自分独自の世界観も築かれる。こうして、自分の主張を持ちながら、他者をよく見て行動する人間像が養われる。徳川家康の慎重さは観察することを重んじる結果であるし、家来を適材適所で配置することが上手だったのは、自分の方針を持ちながら人をよく見ているからできることであるし、狸《たぬき》爺《じじい》と呼ばれるのは、人の心を読み取る力に優れ人を上手に操《あやつ》ることができたからである。

上杉謙信・上杉景勝・直江兼続においても、幼少のうちから社会性・観察力・他者を思いやる心が育ち、視野の狭い自己中心的な思考・行動に陥ることのない人格が形成されたと想像される。そしてこのことは、三人の、人の道を外れない「義」に徹した生き方の土台を成すものと考えられる。

## 上杉謙信の「義」

上杉謙信公画像（上杉神社蔵）

そもそも戦国時代においては、「義」は戦国武将共通の倫理観であった。

南宋時代において儒学に仏教の影響が加わり、日本においても禅林において宋学が盛んであったことはすでに述べたが、その過程で儒学の中心的概念は、外面的な「礼」から内面的

上杉謙信の居城　春日山城跡（新潟県上越市）

な「仁義」に移っていった。それは戦国武将たちの精神性に大きな影響を与え、それまでの「血気の勇」を否定し「仁義の勇」を理想とする風潮が生まれた。したがって、おおかたの戦国武将は「仁義」を重んじ、「義」にのっとって行動することに努めていた。

また、『孟子』の教説に、「父子に親あり、君臣に義あり、夫婦に別あり、長幼に序あり、朋友に信あり」とあり、合わせて「五倫（五常）」とされた。これらは当時の日本に広く浸透した教養であり、下剋上の世にあって武士団を率いるリーダーたちにとって、「君臣の義」は最も重視されるべき倫理であった。

その戦国武将たちの目から見て、上杉謙信は最も「義」に秀でた武将と認められていた。

# 長尾氏・長尾上杉氏系図

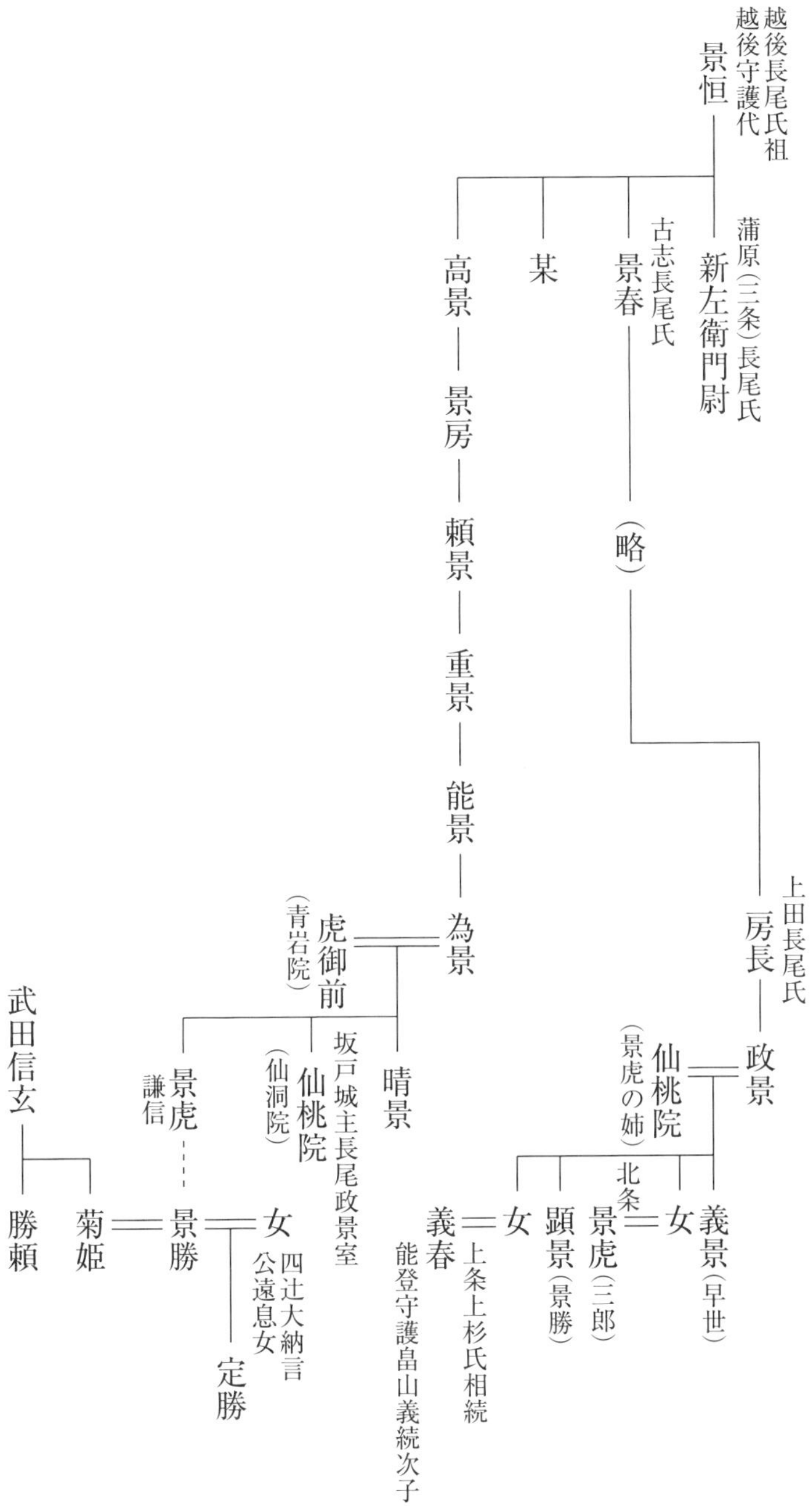
越後長尾氏祖
越後守護代
景恒
蒲原（三条）長尾氏
新左衛門尉
古志長尾氏
景春
（略）
上田長尾氏
房長
政景
仙桃院
（景虎の姉）
義景
（早世）
女
北条
景虎
（三郎）
顕景
（景勝）
女
義春
上条上杉氏相続
能登守護畠山義続次子
某
高景
景房
頼景
重景
能景為景
虎御前
（青岩院）
晴景
仙桃院
（仙洞院）
坂戸城主長尾政景室
景虎
謙信
景勝
女
四辻大納言
公遠息女
定勝
菊姫
武田信玄
勝頼

上杉謙信は六歳から林泉寺（新潟県上越市）に預けられ、僧としての教育を受けた。謙信には二十二歳も年の離れた兄晴景《はるかげ》がいたが、晴景は戦国武将としては穏やかな人柄であり、謙信は利発で芯の強さの感じられる子であった。そもそも戦国時代においては、兄弟がいる場合、弟を兄の家臣にしてしまうか分家させるなどして、後継者を一人に限定することが常であった。これは、家臣団が兄弟それぞれを担ぎ出し、家が分裂してしまうことを防ぐためである。二人の父長尾為景《ためかげ》も、同様の考えから謙信を寺に入れたものと考えられる。そして謙信は、よき教育者である天室光育に出会い、自らも僧として生きる意識を持つようになる。その結果、謙信は禅僧としての修学・修行に励み、宋学を修め、生涯にわたって僧としての生き方を貫いたのである。

上杉謙信の「義」を儒学（宋学）の「仁義」と見た場合、禅林である林泉寺で学んだという謙信の経歴は、他の戦国大名には見られない本格的な学歴となる。また、京学の祖藤原惺窩が、上杉謙信を学問をよくする者として評価したことは、前にも述べた通りである。したがって、世の戦国武将たちが儒学の「仁義」を重視すればするほど、謙信の学歴は世間から高く評価されたことであろう。

ところが、謙信十三歳のときに父為景が死没すると、兄晴景は家臣団を押さえ切れず、晴景よりも謙信に期待する家臣たちが謙信を林泉寺から引き戻してしまった。そして謙信十八歳のときに、晴景は謙信を養子とした上で、自ら家督を譲って引退した。こうして再び上杉謙信は、戦国武将としての道を歩み始めることになるのである。

上杉謙信が毘沙門天を掲げていたことは、よく知られている。毘沙門天とは、仏教世界を守護する四天王の一人、北方を守る多聞天のことである。本来はサンスクリット語だった名前を、その意味から漢訳したのが「多聞天」であり、音訳したのが「毘沙門天」である。その姿は、甲冑で全身を包み、憤怒の形相をして、右手に宝叉《ほうさ》、左手には宝塔を持って立っている。北陸に在って戦う謙信には毘沙門天に重なるところもあり、謙信は自らの生涯を毘沙門天として生きる決心をしていた。

そもそも、戦国時代の武将たちは、戦場から生きて還《かえ》るため、さらには勝利を得るために、神仏に武運を祈り御加護を願うことが一般的だった。また、神仏の名を出すことで自らに箔《はく》をつけ、自分を美化する気持ちもあっただろう。神仏の名を掲げることが、大勢の人間を引っ張っていくのに有効だったかもしれない。しかし、上杉謙信にとっての毘沙門天は、決してそのような存在ではなかった。というのも、上杉謙信の兜の中に、飯綱権現《いづなごんげん》像を前立てとしたものがあるのである。飯綱権現とは狐神を駆使する神であり、武運をもたらす守り神である。謙信が武運を願った神仏は、むしろこの飯綱権現であった。戦場において謙信の本陣に「毘」の旗が立てられるとき、それは毘沙門天が謙信のそばで守っていることを表しているのではなく、そこに毘沙門天として生きる上杉謙信がいることを示しているのである。謙信は、自分自身が毘沙門天になりきろうとしていた。

仏教世界を守護する四天王の本願は、この世の中に仏国土を築くことである。すなわち、この宇宙をつかさどる仏法にのっとった、宇宙に存在する生命体としての真のあるべき姿・生き方を自覚したすべての生き物が、今世《こんせ》の生きる目的に向かって自らの魂を磨いていく、絶対平和・絶対幸福の世界の実現である。そのために毘沙門天は、全身全霊を込めて全力を出し切ろうとする厳しい表情と、いかなる困難をも乗り越えるという堅い決意を表す武装で身を包み、二つの宝具を与えられた。その一つの宝叉は、上端に三本の尖端《せんたん》（三叉）、下端に二本の尖端（二叉）を持つ武器である。もし、これをもって毘沙門天が仏国土を乱す仏敵と戦うならば、三叉を相手に向けて突くことになる。しかし、相手を突くためにはいったん手前に引かなければならず、そのとき二叉が自己を突くのである。つまり、第一の仏敵は己の内に在るのであり、それを克服して初めて相手の内なる仏敵を導くことができる、というものなのである。もう一つの宝塔は、人々に分け与える宝が無尽蔵に出てくる恵みの塔である。まさしく「慈悲の叉、慈悲の塔をもって人々を守り導く」、これが謙信が心に決めた自らの生き方だったのである。
謙信はいかなるときも自らを毘沙門天に照らし、毘沙門天に徹した行動をとった。それは、戦いにおいても、政治支配においても、日常においても、常に変わらなかった。そんな謙信に、父為景の代までは従おうとしなかった越後の武将たちも、従っていった。また、そんな謙信に、ライバルであった武田信玄・北条氏康も敬意を抱いていた。そして、そんな謙信を、当時の人々は「義」の鑑《かがみ》として見ていたのである。

## 上杉景勝の「義」

上杉景勝像
（米沢市上杉博物館蔵）

上杉景勝は八歳にして上杉謙信の養子となり、春日山城（新潟県上越市）に入った。景勝は謙信の実姉の子であり、謙信が生涯独身で子がいなかったためである。謙信が景勝に送った親心いっぱいの手紙などが遺《のこ》っており、景勝が謙信によって大切に育てられていたことがうかがえる。多感な年ごろの景勝の人格形成において、謙信の生き方が与えた影響の大きさは、測り知れない。

謙信の時代、戦国大名による家臣団の支配・統制は全国的に見てもまだまだ不完全な段階で、不安定なものだった。特に国人《こくじん》（国衆《くにしゅう》ともいう）と呼ばれる在地領主層が、山城を拠点に暴れていた。彼らは鎌倉時代の地頭の流れを汲み、全国いたる所にいた。戦国大名は領主である国人を通さなければ農民から税も取れず、いかに彼らを家臣化するかに苦心していた。というのも、国人の中から戦国大名に成長した例も多く、国人たちは強大な軍事力を持ち、戦国の生存競争の中を生き抜きながら、自己利益のためならば裏切りや反乱など日常茶飯事だったからだ。彼らの多くが大名の地位を狙い、互いに駆け引きを行い、互いに争いながら、下剋上の社会の主役となっていた。中でも東西に長い越後国は、国人たちを押さえるのが大変だった。春日山城は越後国の西寄りにあるため、遠方の東端（北端）の国人たち（特に色部氏、本庄氏、新発田《しばた》氏などの阿賀野川以北の「揚北衆《あがきた》」）は最後まで支配を拒んだ。それでも謙信は彼らを従えることに成功する。それは単に武力のみで為《な》せることではなく、室町幕府関東管領《かんれい》としての権威と、謙信自身のカリスマ性によるものであった。

戦国大名の家臣団統制のやり方としては、厳罰に裏付けられた規則や巧妙な組織作り、利害や武力を背景にした駆け引きや圧力などが一般的である。しかし、このような強権的な締めつけやテクニカルなやり方は、カリスマ謙信には似つかわしくない。謙信が、家臣団の支配・統制のためにカリスマ性を発揮すればするほど、一方では家臣団の統制がやりにくくなっていく、という矛盾があった。

天正六年(一五七八)三月九日、上杉謙信は倒れた。そして、後継者を誰にするのか、自分の口からは家臣団に何も伝えないまま、四日後の十三日に没した(景勝を後継とするという遺書が直江兼続の手で偽造されたとする話もあるが、史料的根拠は無いようである)。すると葬儀の直後から、小田原から人質として上杉家に入っていた北条景虎が、突然に後継者の名乗りを上げて景勝と対立する。カリスマ謙信を失った家臣団は簡単に空中分解し、関東に大きな勢力を張り武田氏とも同盟関係にあった小田原の北条氏を後ろ盾に持つ景虎に勝算があるだろうと、多くの者が景虎のもとに走った。御館《おたて》の乱の始まりである。研究者の間では、乱の要因として、謙信時代に家臣団の組織化が立ち遅れていたことが指摘されている。

上杉家は、再び以前の利害計算最優先の国人集団に逆戻りしてしまった。折しも西からは織田信長の勢力が迫り、能登方面は上杉家から分立。さらに東では、越後北端の揚北衆たちも不透明な動きを見せ始める。乱は丸一年に及び、景勝が勝利をおさめるころには支配地も激減し、謙信時代の家臣団も半減して、上杉家そのものが大いに弱体化してしまった。しかも、景勝側に立った家臣の中にも、乱の風向きを見ながら寄ってきた信頼できない者もいて、景勝の足元は全くもろいものだった。当時まだ二十三〜二十四歳という若い景勝に、家臣たちが求める謙信のようなカリスマ性があるはずもなく、味方してくれた家臣たちを統制していけるかさえ不安であった。そこに、織田信長は強力な攻勢を仕掛けてくる。まさに謙信のいなくなった上杉家は、存亡の危機に直面した。

このような状況を乗り切り、再び家臣団をまとめ上げていくために、景勝がはじめにやらなければならなかったことは、自分が謙信の後継者であることを家臣たちに認めさせることだった。そのために景勝は謙信の精神を忠実に受け継ぎ、謙信の在り方に徹した言動を心がけ、あえて自分の個性や感情を抑え、利害計算や私欲を捨てた。景勝は口数が少なく威圧感のある人物であったという評も、謙信に倣った結果であったという説もある。こうして景勝は、上杉謙信が人々から高く評価された「義」を意識的に打ち出し、人々が自分の姿に謙信の姿を重ねるように努めた。後に景勝が、謙信の遺骸をそのまま漆《うるし》で固めて甕《かめ》に入れ、米沢まで運び歩いたのも、直江兼続と考えて米沢城本丸東南隅に土を盛って謙信の遺骸を安置する祠堂《しどう》を建て、城下町のどこからでも見えるようにしたのも、同じ目的からであったと考えられる。

謙信の祠堂が置かれた米沢城本丸東南隅の高台

上杉謙信公の祠堂（長命寺本堂＝米沢市中央３　旧北寺町＝に移築）

また一方で景勝は、謙信時代に遅れていた家臣団の組織化を推し進めた。そのことは、その後の直江兼続による米沢城下の家臣団屋敷の配置に反映されている。

## 直江兼続の「義」

直江兼続は、景勝の実父の家臣の子であったが、景勝の母の推挙によって景勝の近習《きんじゅう》に抜擢され、四歳にして景勝とともに春日山城に入った。幼くして見込まれた兼続には、生まれつき優れた才と気性とが備わっていたに違いない。そして兼続は、景勝とともに謙信から学び、謙信に教育されることになる。四歳だった兼続は、八歳だった景勝以上に、謙信の影響を強く受けたことだろう。

上杉謙信が急死した時、兼続は十八歳だった。上杉景勝は逆境に立たされ、北条氏に上杉家を奪われないために、織田信長に上杉家を滅ぼされないために、弱体化していく上杉家を建て直すために、自らの人格を変えるほどの頑張りを見せる。この時に景勝が背負った責任の重圧と不安な孤独感を理解し、景勝を取り巻く状況を共有できたのは、四歳から景勝に付き従ってきた直江兼続ただ一人だけだった。景勝はあらためて兼続の存在の大きさを認識し、兼続もま

# 直江氏系図

（——は実子、┄┄は養子）

景綱
為景・晴景・謙信三代に仕える。奉行職。

信綱
馬廻り大将、奉行職。天正九年九月一日斬殺。

兼続
樋口兼豊の長男。直江家を相続。米沢徳昌寺に埋葬、のち林泉寺に改葬。県社松岬神社に合祀。

おせんの方
与板城主直江景綱の娘。初め信綱に嫁す。信綱没後、兼続に再嫁。

女
長女、於松。

政重
本多正信二男。婿養子となり於松と結婚、勝吉と称す。慶長十六年、帰家。

女
阿虎。兼続の弟大国実頼の娘。勝吉の継室。

景明

女
二女。

色部光長

た景勝がいかに自分を必要としているかを認識したことだろう。おそらくはこの時に、兼続の景勝に対する「忠義」の心が確立したものと思われる。彼が、今後いかなるときも景勝を支えて生きていこうと決意したことは、その後の彼の生き方を見ればわかることである。

兼続はもともと樋口という姓だが、景勝が上杉家を相続して三年目の年に、景勝の意向で直江家に婿入りした。妻お船《せん》は三歳年上で、前夫直江信綱が恩賞をめぐるトラブルに巻き込まれて殺されたため、兼続とは二度目の結婚であった。直江家といえば、謙信時代から上杉家の財務を任された謙信直下の重臣の家柄であり、景勝は、自らの片腕でありながら家柄の低い兼続を直江家の人間、すなわち財務責任者とすることで、支配体制の確立を図ったわけである。こうして上杉景勝・直江兼続の二人三脚による新体制がスタートし、兼続の「忠義」は、現実的な実行力をもって形になっていく。このことは景勝にとって大きな支えとなっていった。

# 愛

直江兼続といえば、大きく「愛」の一字を前立てに掲げた兜でよく知られている。戦国時代の戦乱の世のイメージと、通常私たちがイメージする「愛」の概念とのギャップの大きさは、兼続がどのような人間だったのかという興味を呼び起こす。この「愛」は愛染明王を意味している、という定説がありながらも、果たしてそれだけなのか、といった諸説があって収まりが悪いようである。そこで本稿でも、私見を提示して、諸説の一隅に加えていただこうと思うのである。

## 兜の「愛」

米沢城三の丸の東南、堀のすぐ外側（西南の与板町とほぼ対称の位置）だった場所に、皇大神宮と並んで「金剛愛染明王《あいぜんみょうおう》」の社がある。直江兼続と愛染明王を結びつける史料は確認できないが、この社が兼続の米沢城下建設の過程でつくられたことから、兼続が愛染明王を信仰していたことが察せられる。

愛染明王は、俗には男女の恋愛を成就させる仏とされているが、本来は大日如来の教えを伝える仏である。その導きは、大きな愛と至極の情をもって人々の息災（健康で元気なこと）をかなえ、敬愛・得徳を導くという、まさに、御加護と開運を願う戦国武将の守護にふさわしい仏である。したがって、この「愛」の兜は、上杉謙信にとっての飯綱権現の兜に相当する、戦国武将直江兼続を代表する兜と言えるのである。

しかし直江兼続は、上杉家の存亡にかかわる長谷堂城の戦において、「愛」の前立ての甲冑を着用しなかった。前にも述べたように、西へと戻っていく徳川家康の追撃を進言し、上杉景勝によって諭された兼続は、自らの在り方・生き方の思いを定めることができた。そして、最上義光を倒すことを目的とせず、ただ上杉家の人々や領民の安寧を守るために出陣した。そのときに兼続が着用した兜の前立ては梵字（種子）なのであるが、その表す仏は

愛の前立甲冑（直江兼続公所用甲冑　上杉神社蔵）

普賢菩薩を表す梵字の前立甲冑
（浅葱《あさぎ》糸威《いとおどし》錆色塗《さびいろぬり》切付札《きりつけざね》二枚胴《にまいどう》具足《ぐそく》　宮坂考古館蔵・米沢市）

「普賢《ふげん》菩薩」と読める。

普賢菩薩は禅定《ぜんじょう》（「集中した静かな心、坐禅」といった意）をつかさどる仏である。智恵をつかさどる文殊菩薩を兄に持ち、ともに釈迦如来のそばに奉仕したとされる。そして釈迦は入滅の三カ月前に自らの死を予言し、人々の守護を普賢菩薩に任せたという。「普賢」の名前の由来は、もともとインドにおいて「あまねく賢を広める」という名を持っていたものを、直訳したものである。そのご利益《りやく》は増益と延命であり、人々は、「普賢延命」の真言を唱えれば災いを避け、福徳を得て、延命のご利益が得られるのである。

いかがであろうか。まさに直江兼続にぴったりではないか。

上杉謙信が毘沙門天の生き方に徹したように、直江兼続もまた、このとき自らを普賢菩薩になぞらえ、自分の在り方・生き方を定めたのである。そして、その後の兼続は、人々に福徳と延命をもたらすために、そして人々を守護するために、さまざまな形で自らの賢・智を広めることに尽力するのである。

「智将」の項でも述べたように、兼続は、米沢における上杉家三十万石の経営という多忙を極めた中にあっても、出版事業や学問書の著作・収集、そして禅林寺（禅林文庫）の設置に、大きなエネルギーを費やしていった。また、智恵の限りを尽くした米沢城下町の建設や上杉家の経営、そして家臣団や領民の生活保障から、外部との関係による上杉家・米沢の安全保障等々、兼続が人生最後の二十年間で取り組んだ活動はすべて、人々の安寧と幸福のために、その賢と智を駆使したことであった。これらの兼続による活動・業績の量の膨大さと質の高さは、超人的とも思えるほどである。まさにそれは、一切の迷いを捨てた直江兼続の、普賢菩薩に徹した生き方であった。

兜の「愛」が愛染明王を示しているとされながら、それでも諸説が登場してくるのは、直江兼続という人物そのものに大きな「愛」を感じ取ることができるからであろう。

## 仁愛

「愛」という言葉の主たる概念は、時代によって変わってくる。現在は一般的な男女間の心情の概念も、明治時代に西洋文化の影響を受けて広まったものといわれる。それ以前の男女間の心情は「恋」「恋慕」などと表現されていた。江戸時代にさかのぼると「愛」は愛欲の意味合いが強くなるが、これは十七世紀後半に活躍した小説家井原西鶴の好色物シリーズが大ヒットした影響によるところが大きい。

ならば、それ以前の、直江兼続が生きた時代（十六世紀後半〜十七世紀前半）はどうであったか。

兼続が取り組んだ学問の内容が、五山文学と足利学校を柱としていることは、すでに述べた通りである。五山文学の中心となる宋学は儒学を内容としており、また足利学校で教授される学問も儒学が中心であった。儒学の原点は「仁」であり、すべての教義はそこから発展し、時代とともに変化している。漢の時代には「仁」は一般に人を愛することと解釈され、唐の時代には万人に対する愛として強調されるのだが、前にも述べたように、南宋時代には仏教の影響が加わって内面性が重視されるようになり、「仁義」が中心的な概念となった。

これに対し、同じ南宋時代に登場した朱熹は、「仁」を「義」と結びつけるのではなく、「仁」を「心の徳、愛の理」と称した。彼の学派は朱子学として成立し、鎌倉時代末には日本にも伝えられた。

そして、藤原惺窩は、この朱子学派に属している。彼が、儒学を学問として自立させようという動きの先駆者であることはすでに述べたが、その内容は朱熹の主張する「仁は愛の理」、すなわち「仁愛」という考えである。鎌倉時代末に伝わった朱子学がここであらためてクローズアップされてくることは、惺窩の単なる思いつきではなく、戦国時代の厳しい現実の中で宗教性が弱まり、現実的な人間性が強まっていくという、大きな時代の流れの上に生じた変化であった。

さて、前にも述べたように、藤原惺窩と直江兼続は全く同じ時代を生きている。それは直江兼続が、日本の儒学が「仁義」から「仁愛」へと変化していくただ中にいたことを意味している。惺窩がその先駆者と位置づけられているわけだが、徳川家康が藤原惺窩を江戸に招いて講義を受けているように、惺窩の学問は周囲からも広く認められるものだった。直江兼続のような儒学に造詣の深い人間であれば、儒学のこの変動をキャッチしていないはずはない。そこで兼続もまた、謙信時代の「仁義」とは違った「仁愛」の哲学に意義を見いだし、兼続なりにそれを修めていったのではないだろうか。

直江兼続の「愛」が儒学の「仁愛」であるとなれば、それは単なる感情や漠然とした感覚の「愛」などではなくなってくる。それは、孔子の時代より二千年にわたって培われた人倫の成果であり、政治学の一つの理想なのである。

## 家族愛

兼続には三人の子があった。息子が一人、娘が二人であった。

嫡男景明《かげあき》は病弱だったため、兼続はいつも息子の健康を気遣っていた。自らも健康管理に努め医学の知識も豊富だった兼続は、出かけた先でも息子のために薬を調合してもらい、その飲み方などをしたためた手紙とともに送るなど、息子のためにでき得る限りのことをしていた。しかし慶長二十年（一六一五）、景明は二十二歳の若さで病没する。

長女の婿となった直江勝吉《かつよし》は、本多正信の次男政重のことである。本多正信は、徳川家康が厚い信頼を寄せた側近中の側近で、江戸幕府第二代将軍秀忠の幕政も支えるなど、徳川家の中心的存在であった。そんな本多正信と直江兼続は、立場を超えて信頼関係を築いていた。正信は、上杉家が会津から遠隔地へ移封させられないように尽力したり、江戸幕府による上杉家三十万石の軍役のうち十万石分を免除にしたり、将軍秀忠の上杉藩江戸桜田邸への来訪を実現させるなど、慶長五年（一六〇〇）以降の上杉家のために大きく貢献してくれた。そういった中で慶長九年、政重が婿養子として直江家に入ったのである。しかし、二年後の慶長十一年に兼続の長女が死没してしまう。そこで政重は、兼続の弟大国実頼の娘を妻としたが、慶長十六年、景明が成長したことも受けて自ら直江家を去り、本多家に戻った。それでも政重は、その後もずっと兼続を敬慕し、上杉家の支えとなってくれた。

兼続の次女は、揚北衆の一人である色部光長に嫁いだ。光長の父色部長真と兼続との深い関係は、天正九年（一五八一）～同十五年の新発田重家の乱から始まった。御館の乱後、織田信長の働きかけに応じた揚北衆新発田重家は、七年間に及ぶ反乱を起こして上杉景勝を苦しめた。そこで兼続は、乱の鎮圧のために他の揚北衆たちを味方につけようと奔走し、協力してくれた色部長真と直江兼続との間に信頼関係が生まれた。天正二十年長真は、自分の死後の色部家を兼続に頼むこと、兼続の次女を子光長の妻に迎えたいこと、自分の娘を兼続の養子にして

直江兼続夫妻の墓（林泉寺・米沢市）

もらいたいことを希望し、この年のうちに兼続の次女が光長に嫁いでいった。光長の生まれた年は不詳だが、六年後の上杉家の会津入りの際にまだ「竜松丸」と名乗っていたことなどを見ると、当時の光長は元服前の少年だったと考えられる。このことから、色部家の将来を案じた長真が、できるだけ早いうちに直江兼続とつながることを望んでいたことがうかがえる。

兼続の次女は、長女と同じ慶長十一年（一六〇六）、長女に先立って死没してしまうが、兼続はその後も色部光長の後ろ盾として色部家を重用し、色部家はそれから幕末に至るまで、上杉家の重臣として藩を支えていくのである。

兼続の妻お船は、三つ年上の賢い女性であった。幼児期に親もとを離れた兼続は、お船に母親のような一面を感じていたかもしれない。はじめは上杉景勝の正室菊姫（武田信玄の娘）とともに京都伏見の屋敷に在ったが、上杉家が米沢に移されてからは、米沢に在って兼続と苦楽を共にした。また、兼続の死後も、兼続が出版した『文選』を再版したりと、兼続に劣らぬ賢妻であった。

兼続と三人の子の遺骨は、高野山清浄心院に葬られ、お船の遺骨もここに分骨された。

五山文学の素養のある兼続は漢詩を好んだが、彼の作品には五山文学の通念を超えて、「愛」を描いたものがある。そのような作品を見ると、兼続の「愛」は儒学の域にとどまらず、心の内から発する人間の情をも表現しているのではないかと感じられてならないのである。

# かぶき者

直江兼続と親交の深い人物に、「かぶき者」で知られた前田慶次がいる。その人物イメージは、漫画などでつくられた部分も少なくないが、前田慶次が長谷堂城の戦で着用したと伝えられる甲冑（米沢市宮坂考古館蔵）を見ると、やはり「かぶき者」と呼ぶにふさわしい人物であったことが想像できる。

一般に、直江兼続は「智将」と評され、前田慶次は「かぶき者」と評されて、二人は違うタイプのように見られている。しかし、自分よりもずっと年下の直江兼続と親交を深め、上杉家に身を寄せた前田慶次は、直江兼続をどのように見ていたのであろうか。

本稿では、前田慶次の目を通した直江兼続へのアプローチを試み、直江兼続の内面に迫ってみようと思う。

## 前田慶次

「かぶき」とは漢字で書けば「傾き」あるいは「傾奇」であり、奇異とも映る身なりや言動で人々の注目を引くような者をいう。前田慶次が長谷堂城の戦で着用していたとされる甲冑を見ると、彼が「かぶき者」であったことが一目瞭然である。一般に武将たちが前立てや角などの装飾で目立たせようとしがちな兜は、むしろシンプルな三角錐《すい》の南蛮笠のデザインであり、目立たない縁の部分に繊細な透かし彫りを入れてある。一般に重々しく力強いデザインになりがちな面や鎧《よろい》は、朱一色の面と胴、加えて裃《かみしも》風に左右に突き出たこれまた朱色の肩当て、その下に大きく金色の魚鱗文様の袖など、軽妙で美しく、遊び心に溢れたセンスの光るデザインである。

伝前田慶次所用　朱漆塗《しゅうるしぬり》素懸《すがけ》紫糸威《むらさきいとおどし》五枚胴《ごまいどう》具足《ぐそく》（宮坂考古館蔵・米沢市）

　しかし慶次は、単に目立ちたいため

の「かぶき者」ではない。五大老第二の家で、江戸時代にも大名では最大の加賀百四万石を有した前田家を自ら離れ、米沢でも人家を離れて郊外に棲み、隠遁《いんとん》生活を営むのである。その場所には現在も「慶次清水」と呼ばれる泉が残っているが、大きな池ほどもある泉は深い木立に囲まれ、山里を思わせる静寂な空間である。

慶次は、当時の多くの「かぶき者」のような、立場や能力の弱さから自己主張に走ったタイプではないのである。彼は、文武を極めた才人であった。長谷堂城の戦では殿《しんがり》を務め、四十代（あるいは五十代）の身体で自ら槍を振るって、追撃してくる最上義光軍を逆に追い詰めて叩き、その実力を示した。また彼の記した道中日記や漢詩から、その智才をうかがい知ることができる。前田慶次はむしろ、その能力が非常に高かったがゆえに、常人の枠をはみ出したタイプと言えるだろう。

堂森善光寺にある前田慶次供養塔
（米沢市万世町堂森）

さて、このような「かぶき者」前田

今も残る慶次清水（米沢市万世町堂森）

慶次は、どのような人間を友として求めるものだろうか。

まずは同等の智的レベルが必要であろう。慶次のように現実社会を離れ隠遁生活を好むような精神性の高い人物は、思考や想像といった抽象的かつ観念的な世界の中に生きている。よって、現実社会にしばられず、むしろ現実の諸問題に心がとらわれずに済むほどの高い智的能力を持ち、慶次と一緒に思考や想像の世界に心を遊ばせることができる人物でなければならない。そうでなければ、話が噛み合わないばかりか、慶次が嫌って隠遁した日常現実の話題を持ち込んでしまうことになるだろう。

次に、同等のセンスが必要であろう。いわゆる「普通の人」など、慶次は話をしても何も面白くない。そういう付き合いを避けて隠遁しているのである。そして、遊び心があり、美しく優れたセンスが必要である。漢詩においても造形においても、慶次のセンスは優れている。こういう人物でなければ慶次を理解することもできないし、慶次も求めないだろう。

しかし、このような慶次の求める条件を満たす人間は、そうそういるものではない。だからこそ前田慶次は、そのような友との出会いを大切にし、そこに自分の居場所を求めたに違いない。それが、直江兼続だったということである。すなわち直江兼続は、前田慶次と同じような能力とセンスを持ち合わせた、似た者同士ということである。となれば、外見の奇抜さこそないものの、直江兼続の内面には前田慶次と同様の「かぶき者」の兼続がいる、ということになる。

上杉家経営の多忙な日々、子どもたちを失ったつらい日々、大々的な出版事業等々、兼続が腹を割って語らえるのは似た者同士の前田慶次であったことだろう。兼続よりずっと年上の慶次は、兼続をよく支えてくれたに違いない。そして二人は、共に学問（出版事業も含む）に取り組み、折に触れて漢詩を詠み交わしている。こんな精神的な充足感が、米沢時代の直江兼続の超人的な活動を支えていたのであろう。

## かぶきの心

直江兼続の生涯は、実に多忙で濃厚である。戦い、中央政権とのかかわり、地方行政、土木事業、学問、出版事業など、どれか一つでも兼続がやったぐらいの事ができれば称賛されるような事を、彼は一人ですべてやっている。そのために、どれほどの能力とエネルギーが必要なのかは測り知れない。

米沢三十万石に減封されて大混乱に陥っているはずの時期に、兼続が詩歌会を催したり出版事業を行ったりしていることは、前に述べた通りである。この、逆境・多忙の激烈さと彼の行為とのギャップは、彼をよく知らない者から見ればさぞかし奇異に見えるだろう。兼続の「かぶき」はスケールが大きい。現実世界にのみ込まれることのない大きな世界観を持つ直江兼続や前田慶次は、現実世界の中に居場所を求めて権力や利益を追いかけたり、保身のために現実に屈したり妥協するようなことはしなかった。したがって慶次などは、現実至上主義者のような言動に出くわすと皮肉の一つも言わずにはおれないわけで、兼続もまた器の小さな者が自分を誇示する場面に出くわすと、きつい皮肉で返すことがたびたびあった。そんな二人は学問にこそ面白みや手応え、そして普遍性を感じただろうし、漢詩こそは自らの世界観を具現化する

禅林文庫跡に建つ法泉寺文殊堂（米沢市西大通１）

最も有効な手段であったと思われる。彼らの漢詩の中に、現実感の薄い、叙情豊かな作品があるのは、そこに現実世界を超えた彼らの理想郷が描かれていたからであろう。

しかし直江兼続は、現実社会の人々の中に身を置くことを忘れなかった。それは、普賢菩薩として生きる道を選んだ兼続にとって、学問は人々を守護し幸福にするために在るものだったからである。また、彼の学問の主軸である儒学が現実の人間社会を重視しており、遁世や出家を善とする道教や仏教に対して批判的な一面を持っていたためかもしれない。兼続は、上杉家の経営、人々の生活保障、そして対外戦略の現場で、身を粉にして働いた。決して人々の生活や政治から離れようとはしなかったのである。

その姿は、隠遁生活を営む前田慶次のような「かぶき者」から見ても、「かぶき者」に見えていたかもしれない。

そして、兼続最大の「かぶき」と言えるのは、自らの手で直江家を終わらせたことだろう。一人息子・二人の娘が若くして亡くなり、養子政重も本多家へと戻って、兼続は新たに養子を迎える必要があった。しかし彼は敢えてそれをしなかったのである。窮乏する上杉家に少しでも足しになればと、直江家の給与・財産が藩に没収される道を選んだと考えられている。言われてみればもともとが、兼続は上杉家の財務を切り盛りするために直江家に入ったのであり、直江家の人間としては、これが一番正当な判断だったのかもしれない。死の前年に当たる元和四年（一六一八）、兼続は禅林寺を開設した。彼の蔵書、そして出版物を集めた「禅林文庫」の始まりである。この「禅林文庫」に、兼続は、自らの遺志を継ぐ「後継者」、そして自らが後世に伝える「財産」という思いを込めていたのかもしれない。

## 兼続の素顔

直江兼続はなぜ偉大なのか、というときに、越後・会津時代（二十〜三十歳代）の活躍の華々しさと、米沢時代（四十〜五十歳代）の苦労の大きさを理由とする見方がある。すなわち前者は、武将・政治家としての活躍の成果や、天下人豊臣秀吉から認められたということが偉大さの主な理由であり、後者は、徳川家康から押しつけられた甚大な困難に対し、あきらめることなく最後まで頑張ったことが偉大さの主な理由、というものである。しかしこのような評価は、兼続を、一般の戦国武将や現代の一般人を評価するときの物さしで測った結果と言えよう。少なくともその中に、前田慶次が兼続に身を寄せようとした動機は見いだせない。

果たして兼続自身は、個々の戦いの勝敗に一喜一憂し、秀吉から認められたことに浮かれ、米沢時代の困難の甚大さに悲嘆していただろうか。

直江兼続が、個々の戦いに勝つことや、戦いによる利益に執着しなかったことは、これまで述べてきた通りである。また兼続は、秀吉から家臣に誘われても、はっきり断っている。そして米沢においては、課題を次々と解決し、詩歌会を催したり出版事業を手がけたりしている。

こうしてみると、武将・政治家としての華々しさや米沢時代の苦労の大きさを理由に兼続を評価するのは、ピントがずれていると言わざるを得ない。

直江兼続の偉大さを適切に評価するために注目すべき点は、やはり彼の能力の高さと崇高な人生観・精神性であろう。では、どこにピントを合わせれば、それが最もよく見えるのであろうか。それは、徳川家康を追撃しないと決めた後、年齢で言えば四十歳以降である。したがって、米沢時代の兼続を見ずして、兼続の偉大さは語れないと思うのである。

直江兼続は、生まれ育ちは越後国であったが、その智恵と経験を注ぎ込み、崇高な理想のもとで、城下町米沢の礎を築いた。そして百五十年後、直江兼続から改革の智恵と勇気を与えられた上杉鷹山は、秋月藩の生まれであったが、生涯をかけて逆境をはね返し、民主的な思想のもとで、米沢の礎をさらに堅固なものとした。そして今、米沢は厳しい時代を前にして、再び直江兼続に学ぶ機会を与えられているのである。

# 直江兼続関連　略年表

| | | |
|---|---|---|
| 永禄三 | 一五六〇 | 坂戸城主長尾政景（景勝の父）の家臣樋口兼豊の長男として誕生。（幼名は与六） |
| 永禄七 | 一五六四 | 長尾政景（景勝の父）溺死。謙信の養子となった景勝の近習として春日山城入り。 |
| 天正一 | 一五七三 | 室町幕府滅亡。 |
| 天正六 | 一五七八 | 上杉謙信没。御館の乱（上杉景勝 対 北条景虎）始まる。 |
| 天正九 | 一五八一 | 新発田重家が織田信長に呼応して反乱。兼続、景勝の命で直江景綱（与板城主）の娘お船と結婚。 |
| 天正十 | 一五八二 | 本能寺の変で織田信長没。豊臣秀吉政権との外交交渉始まる。 |
| 天正十四 | 一五八六 | 上洛、大坂城にて秀吉に謁見。 |
| 天正十五 | 一五八七 | 新発田重家を討つ。 |
| 天正十六 | 一五八八 | 上洛、秀吉より豊臣姓を許され、天皇より「従五位下山城守」の口宣案を賜る。 |

| | | |
|---|---|---|
| 天正二十 | 一五九二 | 南化玄興を訪問し漢詩注釈書『古文真宝』を書写、交流始まる。色部長真（兼続次女が長真の子光長に嫁ぐ）が、自分の死後の色部家の命運を兼続に頼む。 |
| （文禄一） | | 朝鮮出兵に参陣、熊川城を修築。 |
| 文禄三 | 一五九四 | 嫡男景明誕生。 |
| 文禄四 | 一五九五 | 上杉景勝、五大老の一人に加えられる。 |
| 慶長三 | 一五九八 | 景勝、秀吉より会津若松城百二十万石に移封される（仙道・信夫・米沢・庄内を附す）。豊臣秀吉没。 |
| 慶長五 | 一六〇〇 | 会津に神指《こうざし》城築城、徳川家康の詰問に対し「直江状」を返す。最上義光征伐に出陣。関ケ原の戦い。 |
| 慶長六 | 一六〇一 | 景勝、家康に謝罪。家康より米沢三十万石に減封される（伊達・信夫を附す）。 |
| 慶長七 | 一六〇二 | 亀岡文殊堂で詩歌会を催す。 |
| 慶長八 | 一六〇三 | 江戸幕府開かれる。 |

| | | |
|---|---|---|
| 慶長九 | 一六〇四 | 本多正信の子政重を養子（娘婿）とする。 |
| 慶長十一 | 一六〇六 | 次女、長女が相次いで没。 |
| 慶長十二 | 一六〇七 | 『文選』直江版を刊行する。 |
| 慶長十四 | 一六〇九 | 宅地区画、田畑整理、侍小路・細小路をつくる（米沢城下町の建設）。<br>堀立川開削を始める。 |
| 慶長十六 | 一六一一 | 政重、直江家を去り生家の本多正信のもとに帰る。 |
| 慶長十七 | 一六一二 | 本丸に謙信公祠堂を築く。 |
| 慶長十九 | 一六一四 | 大坂冬の陣に参陣（徳川軍として）。 |
| 慶長二十 | 一六一五 | 大坂夏の陣に参陣（徳川軍として）。直江景明、病没。 |
| 元和二 | 一六一六 | 徳川家康没。 |
| 元和四 | 一六一八 | 禅林文庫創設。 |
| 元和五 | 一六一九 | 江戸鱗屋敷で兼続没。 |

# 主な参考文献

『米沢市史　近世編1』米沢市史編さん委員会
『上杉家御年譜一　謙信公』米沢温故会
『上杉家御年譜二　景勝公』米沢温故会
『上杉家御年譜三　景勝公』米沢温故会
『直江兼続』米沢市上杉博物館
『直江兼続のすべて』花ケ前盛明編　新人物往来社
『新潟県人物小伝直江兼続』花ケ前盛明　新潟日報事業社
『ブリタニカ国際大百科事典』（株）ＴＢＳブリタニカ

# あとがき

一般に私たちは、歴史上の人物をまるでテレビの向こうの有名人を見るような眼でとらえがちである。そして、その人物の言動の断片だけを見て○×をつけてみたり、ネームバリューに押されて過大評価をしてしまう。しかし彼らの家族や友人たちは、彼らをどう見ていたのだろうか。私はそこに興味がある。なぜなら、そこにこそ彼らの生身の姿が浮かび上がると思うからである。

私はこの本の執筆を通して、直江兼続という人物に私なりに迫ってみたつもりである。その結果、彼の深い人間性、恵まれた能力、優れた実行力、そして何より強い信念があったからこそ、現在の米沢が存在するのであり、私の今日が成り立っていることを感じとることができた。私にとっての最大の収穫は、尊敬し感謝できる人物がまた一人増えたということと、米沢を大切に思う気持ちがいっそう強くなったということである。

私は、一米沢市民の立場から、私本としてこの本を製作したつもりです。それが、このたびご縁があって新潟日報事業社の皆さまの目に留めていただき、出版の運びとなった好運にとても感謝しています。また出版にあたり、様々なご指導や資料の準備をしていただき、より良いものに仕上げてくださった皆さまに、紙上で失礼ではありますが、御礼を申し上げます。そして、これをお読みくださった皆さまに、人生を精一杯に生きた過去の人々との素敵な出会いがこれからもたくさんありますように…。

二〇〇八年九月三日